El destino de
la humanidad

Grupo ROBIN BOOK

Barcelona - México
Buenos Aires

Bob Frissell

El destino de
la humanidad

Traducción de
Mariano José Vázquez Alonso

ROBINBOOK

Si usted desea que le mantengamos informado de
nuestras publicaciones, sólo tiene que remitirnos su
nombre y dirección, indicando qué temas le interesan,
y gustosamente complaceremos su petición.

Ediciones Robinbook
información bibliográfica
Industria, 11 (Pol. Ind. Buvisa)
08329 Teià (Barcelona)
e-mail: info@robinbook.com
www.robinbook.com

Título original: *Nothing in This Book is True, Buy it's Exactly How Things Are.*
© Bob Frissell
© Ediciones Robinbook, s. l., Barcelona
Diseño de cubierta: Regina Richling
Imagen de cubierta: iStockphoto © Yegor Tsyba (para el alien)
iStockphoto © SOMATUSCANI (para la imagen del sol)
ISBN: 978-84-9917-060-2
Depósito legal: B-24.656-2010
Impreso por Limpergraf, Mogoda 29-31 (Can Salvatella), 08210 Barberà del Vallès.

Impreso en España - *Printed in Spain*

Este libro está dedicado a mi familia:
A Brett,
a mis padres, Elvera S. Frissell
y Charles H. Frissell,
y a Joan, Joel y Jenny.

Os doy las gracias a todos, por vuestro apoyo.

Agradecimientos

Aunque resulte evidente, al leer este libro, que gran parte del mismo constituye el trabajo y la enseñanza de Drunvalo Melquisedec, me gustaría manifestar, de manera explícita, mi agradecimiento al propio Drunvalo. Gracias, Drunvalo, por haber aparecido en el lugar conveniente con la información adecuada y haber sido el catalizador perfecto.

Gracias, Brett Lilly, por tu entusiasmo, inspiración y apoyo. Gracias también, por haber soportado los muchos cambios que hice durante la realización de este libro.

Gracias, Alfred Lee, por toda la ayuda prestada con tus dibujos. La he apreciado grandemente.

Gracias, Miranda Grossinger, Spain Rodriguez, Leonard Orr, Seth Barlett (seudónimo de Dhyana Yogi), Doug Hetchen y Will Light.

Gracias a todos los de North Atlantic Books, incluyendo a Kathy Glass, Marianne Dresser, Paula Morrison y Catherine Campaigne. Y una gracias muy especiales a ti, Richard Grossinger, por haberme creído, apoyado y editado.

Deseo darle las gracias, sobre todo, a Lois Chessman, por mecanografiar, editar, investigar y trabajar como coautor; y por haber tenido que soportar muchas horas de vigilia realizando todo aquello que resultó necesario para convertir este libro en una realidad.

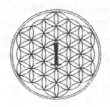

Primer contacto

E ra el mes de enero de 1991. Yo estaba dirigiendo un curso de rebirthing, de una semana de duración, en Campbell Hot Springs, el Centro que tiene Leonard Orr, cerca de Sierra- ville, en California.

Leonard Orr es el fundador del rebirthing. Yo me pasé la mayor parte de 1980 trabajando con él y, desde entonces, me he convertido en un profesional del rebirthing. En pocas palabras, el rebirthing es una buena herramienta para el trabajo personal de transformación, consistente en el uso consciente de la respiración y de la mente. Hablaré extensamente de ello más adelante.

Siempre disfruté de mis estancias en Campbell Hot Springs. Se trata de una extensión de 680 acres de sierra auténtica y salvaje, emplazada en el mismo corazón de ninguna parte. Justo el tipo de sitio que a mí me gusta.

Además, siempre había algo especial, algo mágico en los cursos; y esa semana no fue una excepción. Así pues, aunque sólo fuera por eso, yo ya me hubiera dado por satisfecho de estar allí, y me hubiera puesto a pensar en mi próxima visita. ¡Pero entonces me encontré con Doug!

Antes de que finalizáramos la semana de trabajo, en la tarde del viernes, tuve oportunidad de echarle un vistazo a un libro que encontré en el comedor; se trataba de *Space-Gate, The veil removed*, de Gyeorgos Ceres Hatonn. Era un libro lleno de informaciones fascinantes, increíbles e impresionantes sobre platillos volantes, desmentidos y confabulaciones. Sólo pude echarle una breve ojeada, porque era la hora de reanudar el seminario. Pero les resultará fácil adivinar en qué estuve pensando durante toda la sesión de trabajo.

Tan pronto como concluyó ésta, me encontré con Doug en la sala de al lado, como si el hombre estuviera esperando por mí. Le dije un poco lo que había leído, y le rogué que me explicara algo más. Estuvimos hablando durante horas, hasta que la cabeza se me puso como un bombo. Al final, me dejó el libro y un manuscrito escrito por Bill Cooper.

Bill Cooper se encuentra ahora honrosamente retirado de la Marina. Afirma que en 1972, siendo oficial de intendencia adjunto a un equipo de los Servicios de Inteligencia del almirante Bernard A. Clarey, por aquella época Comandante en Jefe de la flota del Pacífico, tuvo ocasión de ver dos informes, en los que se hablaba de las relaciones existentes entre el Gobierno y un grupo de alienígenas. Bill estuvo prestando servicio en ese servicio desde 1970 hasta 1973.

Afirma que los dos informes que vio eran:

• El proyecto RENCOR/LIBRO AZUL Informe Nº 13, y
• Órdenes de COMANDANCIA.

El informe RENCOR, según pudo ver, contenía unas veinticinco fotografías en blanco y negro de «formas de vida alienígenas», y la correspondiente información sobre ellas.

El informe COMANDANCIA carecía de fotografías, según dijo Bill, pero contenía información sobre la creciente preocupación gubernamental por las interferencias alienígenas en nuestro planeta.[1]

También dijo Doug que poseía una serie de cintas de vídeo que me mostraría con mucho gusto. Me pasé la mayor parte de aquella noche leyendo ese material, y el día siguiente lo empleé en ver los vídeos.

Resumiendo lo que aprendí con todo aquel material podría decir lo siguiente: había existido mucha actividad de platillos volantes en los últimos años de la década de 1940, especialmente en la zona de Nuevo México. Tal actividad incluía numerosos accidentes ocurridos al aterrizar las naves alienígenas; y de ellos el más famoso era el acaecido el 2 de julio de 1947, en un rancho cercano a Roswell, en Nuevo México, en el que se había podido recuperar no sólo la nave alienígena estrellada, sino también los cuerpos de sus tripulantes.

En un principio se dijo que el platillo volante había sido recuperado. Pero pronto empezaron los desmentidos, con el anuncio inmediato de que el aparato que se había estrellado no era otra cosa que un globo meteorológico.

El siguiente acontecimiento de importancia sucedió en 1954, cuando el gobierno americano estableció contacto con una raza de alienígenas, a los que se ha dado en llamar los «Grises». Según parece, aterrizaron en la base aérea de Edwards, tuvieron un encuentro con el presidente Eisenhower, y firmaron un tratado.

Según afirma Bill Cooper, el tratado establecía lo siguiente:Los alienígenas no interferirían en nuestros asuntos, y nosotros tampoco interferiríamos en los suyos. Mantendríamos secreta su presencia en nuestro planeta. Nos suministrarían tecnología avanzada, y nos ayudarían también en nuestro desarrollo tecnológico. No llevarían a cabo tratados con ninguna otra nación. Podrían realizar abducciones de humanos en un número y durante un tiempo limitados, con objeto de realizar exámenes médicos y estudiar nuestro desarrollo; pero quedaba estipulado que no se infligiría el menor daño a las personas abducidas, y que se les retornaría a su punto de origen, sin que llegaran a tener el menor recuerdo de lo que les había sucedido. La nación alienígena proporcionaría, de forma regular, MJ-12 con una lista de todos los contactos y abducciones realizados con los humanos...

Se acordó también que se construirían bases subterráneas para uso de la nación alienígena, y que dos de ellas serían utilizadas conjuntamente por los Estados Unidos y por los extraterrestres. El intercambio de tecnología tendría lugar precisamente en esas bases.[2]

No obstante, pronto se hicieron patentes dos hechos. El primero fue que los Grises no respetaron los términos del tratado, abduciendo un número de personas muy superior al que habían dicho. Asimismo ejecutaron cierto tipo de mutilaciones, tanto en animales como en personas. Los Grises alegaron que se habían visto obligados a comportarse así porque les era necesario para su supervivencia, ya que constituían una raza en declive, y su material genético se había deteriorado hasta el punto de que ya no podían reproducirse. Dijeron que les era imprescindible nuestro material genético si no querían desaparecer.

El segundo punto que se evidenció rápidamente, fue que nuestro armamento no podía competir con el suyo. Era necesario, por tanto, mantener una relación amistosa con ellos, al menos hasta que se pudieran desarrollar sistemas armamentísticos con los que se les pudiera combatir. Por supuesto, se estableció un sistema de seguridad del «máximo secreto» sobre este punto, incluso con los organismos gubernamentales que se habían creado para investigar todo el asunto.

Pero todo lo ya mencionado apenas si constituía la punta del iceberg. Había todavía mucha más información, toda ella tan impresionante que parecía extraída de un libro de ciencia ficción. Todo el material ofrecía un aire tan especial, que uno hubiera podido muy fácilmente tomarlo a broma, considerándolo producto de una imaginación calenturienta, o la auténtica broma del siglo.

Pero, para mí, todo aquello encajaba como las piezas de un rompecabezas. Daba contestación a un sinfín de preguntas. Yo intuía que era auténtico. Y una de las muchas ventajas que me han proporcionado mis trece años de seminarios de rebirthing, es el haber desarrollado intensamente la intuición. Y mi intuición decía sí a todo aquello. Y yo me lo creía.

Constatando la realidad

Regresé a casa con toda esta sorprendente información que me tenía en ascuas. Me sentía sumamente impaciente por contársela a alguien que pudiera escucharme con atención. Estaba completamente seguro de saber algo que todo el mundo deseaba conocer y apoyar. Las mentiras que se habían dicho sobre todo el asunto saldrían ahora a la luz, y de esta forma se haría justicia.

Podría contarles una serie de aburridos detalles, pero no voy a hacerlo. Podría decirles, por ejemplo, que el asunto me costó perder uno o dos clientes y, probablemente, también una o dos amistades. Podría decirles cómo, para mi sorpresa, casi nadie quiso saber nada sobre el tema. Y digo casi, porque hubo alguna excepción.

Pero aprendí rápido. Muy pronto me volví sumamente cauteloso, a la hora de suministrar esta información a los demás e, incluso, empecé a cuestionármela yo mismo.

Pronto me di cuenta de que lo que se tenía por verdadero en los medios de información no era más que una especie de sutil velo con el que se trataba de ocultar la actividad real del Gobierno. Pero, ¿se habría podido llegar tan lejos? ¿Existirían en realidad esos pequeños alienígenas grisáceos, que nos iban a suministrar una tecnología tipo Star Trek, a cambio de permitirles que se llevaran a algunas personas, para realizar experimentos genéticos con los pobres desgraciados? ¿Debería confiar en mi intuición, o debería ir hasta el mismo fondo del asunto?

En abril de 1991 fui a San Francisco para visitar la Exposición sobre la Vida Total, y tuve ocasión de asistir a la presentación de algunas ponencias hechas por dos de los ufólogos más moderados del momento, Stanton Friedman y William Moore. Los dos estaban de acuerdo sobre el incidente sucedido en Roswell; de hecho, ambos habían estado trabajando en el asunto hasta el agotamiento. No obstante, Moore hizo una descripción de Bill Cooper, presentándolo como un elemento un tanto especial y poco digno de crédito. ¿Me convencieron sus comentarios? No. ¿Me crearon nuevas dudas? Sí.

Tuve ocasión de ver también un vídeo titulado *El Marte de Hoagland: el informe Cydonia de la NASA*, y de esta forma me pude enterar de un estudio sumamente interesante, que se refería a los supuestos monumentos existentes en Marte. ¿Por qué no se había dado ninguna noticia sobre esto?

Tras la Expo de San Francisco estuve a punto de cerrar la tienda. No había lugar alguno al que pudiera ir con mi información. Además, tenía que vivir mi propia vida, y todo el asunto no me estaba llevando a ninguna parte.

Sin embargo, establecí contacto con un grupo de personas

que tenían intereses comunes, y que se reunían una vez al mes. Asistí a unas cuantas reuniones y empecé a recibir sus impresos de forma regular. En junio de 1992, me llegó la carta reflejada en la página 16 (figura 1-1).

Me resultaba muy duro tener que ver vídeos durante veinticuatro horas (actualmente se han convertido en treinta y dos), pero contesté inmediatamente que sí, porque me pareció que éste podía ser el complemento perfecto para todo cuanto había aprendido en rebirthing. No tenía ni idea de lo que esperaba, pero sí sabía adónde quería ir. Los vídeos pertenecían a un seminario de cuatro días titulado «La flor de la vida», dirigido por Drunvalo Melquisedec. ¿Se trataba de una persona real? ¿Qué clase de nombre era ése?

Lo que vino después constituyó la información más sorprendente, comprometedora y clarificadora que haya podido conocer nunca. Por si esto fuera poco, Drunvalo poseía una presencia, una sinceridad y una integración tan grande de su material de trabajo, absteniéndose de hacer cualquier tipo de juicio, como jamás haya visto.

Me quedé tan impresionado que compré copias de los vídeos, los cuales constituyeron, durante muchas semanas, mi entretenimiento preferido.

Pero, ¿qué era lo que Drunvalo tenía que decir, que resultara tan sorprendente? Bueno, para mí, lo que se mencionaba en la carta sobre la respiración era lo que me había interesado más, y nada de lo que se decía al respecto me había chocado.

Pero, ¿qué relación tenía todo aquello con los platillos volantes y los pequeños y grisáceos extraterrestres? Y¿qué conexión podía existir con el significado esotérico de los monumentos de Marte?

Eran unas preguntas tan importantes que me dejaban asombrado. Pero antes de nada, vamos a echarle un vistazo a un par de misterios adicionales.

Notas

1. Linda Moulton Howe, *An Alien Harvest: Further Evidence Linking Animal Mutilations and Human Abductions to Alien Life Forms* (Littleton, CO: Linda Moulton Howe Productions,1989), pp. 177-178.
2. Milton William Cooper, «The Secret Government: The Origin, Identity and Purpose of MJ-12» (Huntington Beach, CA: Manuscript copyright 1989).

DYNAMICS OF HUMAN BEHAVIOR

MADELYN BURLEY-ALLEN
FOUNDER

June 1, 1992

Greetings!

On Sunday, June 7th, I will be showing the first of five videos of Drunvalo
Melchizedak's Dallas, Texas workshop. Each video is approximately 5 hours.

TIME: Sunday, June 7 from 1:00 - 6:00 p.m.
LOCATION: 1710 South Amphlett Blvd.
            Conference Room 126 on the first floor
            This is an office complex that is North
            of the Dunfey Hotel (Map enclosed.)

Please RSVP by Friday, June 5 as it is important for me to know who is coming and
their phone number. If I have not heard from you by the 5th, I will assume you are
not coming.

The following describes the focus of these videos:

"Resurrection, moving consciously into the next vibratory dimension can and
must be experienced and lived if we are to survive into the 21st century. Our
planet, whether you are aware of it or not, is already deep into the
transformation. The ascension process begins when a human remembers his or her
crystal energy field. There is a field of energy that is fifty-five feet around
the body that is geometrical and crystalline in nature. The remembering of this
field is triggered by a series of metaphysical drawings that are light replicas of
the 44 + 2 chromosomes in every cell of your body and specifically in your pineal
gland. This will activate a higher purpose of the pineal gland which is to allow a
forgotten ancient way of breathing to return.
    This breathing is a key to higher consciousness and dimensional
translation. By simply breathing in a different way than we do now, and by
directing the pranic flow through the human crystal field, a new world will
literally open unto you. This breathing will allow you to make direct contact with
your higher Self so that trusted and clear guidance can come from within. It will
give you unparalleled protection while you are in the ascension process. It will
give you a means to heal yourself and later others. This breathing will allow you
to remember who you are and your intimate connection with God.
    This video workshop is presented by Drunvalo Melchizedek. The teaching itself
comes from Alpha & Omega, order of Melchizedek and from Thoth, the Egyptian
(Atlantean), also known as Hermes of Greece, who resurrected long ago and was an
immortal that was physically living on earth until a few months ago."

I look forward to your participation. This information is extremely significant
for your ascension process.

Love and light,

Madelyn Burley-Allen

MBA:jb
Enclosure

Figura 1-1

Junio,1, 1992

Saludos:
El domingo, día 14 de junio, mostraré el primero de los cinco vídeos de Drunvalo Melquisedec, en el taller de trabajo de Dallas, Texas. Cada vídeo tiene una duración aproximada de cinco horas.

FECHA: Domingo, 14 de junio, de 1:00 a 6:00 p.m.
LUGAR: 1710, South Amphlett Blvd.
Sala de Conferencias 126, en el primer piso.
Se trata de un complejo de oficinas, al norte del Hotel Dunfey (se incluye plano)

Por favor, sírvase contestar antes del viernes 5 de junio, ya que es importante para mí saber quiénes van a asistir, y su número telefónico. Si no he recibido noticias suyas para la mencionada fecha, daré por supuesto que no asistirá.

Seguidamente hago un resumen del tema de estos vídeos:

«La resurrección —moviéndonos conscientemente dentro de la próxima dimensión vibratoria—, es algo que puede y debe ser experimentado y vivido si hemos de estar en el siglo XXI. Nuestro planeta, tanto si es usted consciente de ello como si no, está viviendo una profunda transformación. El proceso de ascensión se inicia cuando un ser humano **recuerda** su campo cristalino energético. Existe un campo de energía que rodea el cuerpo humano y que tiene una naturaleza geométrica y cristalina. El reconocimiento de este campo se ve acelerado por medio de una serie de dibujos metafísicos que son réplicas de los 44 + 2 cromosomas que existen en cada célula de nuestro cuerpo y, de forma más específica, en la glándula pineal. Esto permitirá activar el objetivo superior de la glándula pineal, que consiste en facilitar un sistema ya olvidado y muy antiguo de respiración de retorno.

»Dicha respiración es la clave para adquirir una conciencia superior y un cambio dimensional. Simplemente, por el hecho de respirar de una forma diferente a la que solemos practicar, y de dirigir la corriente pránica a través del campo cristalino humano, se abrirá literalmente ante usted un nuevo mundo. Esta respiración le permitirá establecer contacto directo con su Yo superior, de forma que pueda recibir profunda ayuda de su propio interior. Esto le proporcionará una inestimable protección mientras lleva a cabo su proceso de ascensión. También le permitirá curarse a sí mismo y a otros. Esta respiración le permitirá, asimismo, recordar **quién** es usted realmente, y su íntima conexión con Dios.

»Este taller/seminario de vídeos será presentado por Drunvalo Melquisedec. El docente procede de Alfa & Omega, de la orden de Melquisedec y de Toth, de los egipcios (Atlantes), también conocido como Hermes de Grecia, quien resurgió hace mucho tiempo convirtiéndose en inmortal, para vivir físicamente en la Tierra hasta hace pocos meses.»

Confío en su participación. Esta información es extremadamente importante para su proceso de ascensión.
Luz y amor,

Fdo. Madelyn Burley-Allen

MBA-jb
Anexo.

¿Qué está sucediendo?

Recibí otro par de vídeos más de Doug. El primero era una serie de reportajes producidos por la emisora KLAS, de la televisión de Las Vegas, en la que un tal Bob Lazar aseguraba que los americanos estaban trabajando en una nave extraterrestre, en una base de pruebas de Nevada llamada Área 51. Lazar aseguraba ser un ex empleado de esa Área 51. La nave procedía de los Grises.

El segundo vídeo se titulaba *La conexión pleyadiana*, y contaba la historia de los contactos que había tenido Billy Meier con un grupo de seres procedentes de las Pléyades. En el vídeo se incluía un cierto número de fotos de «máquinas» pleyadianas, tomadas por Meier.

¿Se trataba en verdad del contacto que había tenido Billy Meier con los pleyadianos, o no era más que una broma suya? En realidad existía una serie impresionante de pruebas circunstanciales que evidenciaban que decía la verdad. No obstante, tanto Stanton Friedman como William Moore no hacían el menor caso de lo que decía Meier, y le consideraban el mayor bromista del siglo. ¿Y qué sucedía con Bob Lazar? ¿Decía la verdad? De no ser así, tenía una fabulosa imaginación. Aunque tal vez pudiera ser uno de los numerosos agentes gubernamentales, dedicados a suminis-

17

trar un tipo de informaciones dudosas, en parte verdaderas y en parte falsas, con las que se pretende confundirle a uno. Pero si se trataba de una información deformada, ¿qué es lo que se estaba ocultando en realidad?

Aquel par de vídeos, junto con lo que se decía en la obra *Space-Gate* y el material de Cooper, hicieron que me formulara la inevitable pregunta de qué es lo que estaba sucediendo aquí.

Además, yo podía añadir otros misterios. ¿Qué eran los círculos de recolección? Los medios de información nos habían hecho creer que se trataba del trabajo de unos bromistas llamados Doug y Dave. Sin embargo, y según Drunvalo, Doug y Dave habían insistido en afirmar que tales círculos se habían originado en Canadá. Podía ser un fenómeno debido a la acción del viento (figura 2-1).

De acuerdo con Collin Andrews, un conocido investigador de estos «círculos de recolección», se había gastado más dinero en un documental que trataba de demostrar que habían sido los propios Doug y Dave los «fabricantes» de aquellos círculos, que todo lo que ellos habían gastado en once años de trabajo. ¿Por qué?

¿Y qué decir de los monumentos de Marte y de las interpretaciones de Richard Hoagland? ¿Por qué no se comentó nada de esto en los medios de comunicación? ¿Y qué hay de la NASA y de su comportamiento tan especial?

Casi no vale la pena pensar si hay algo de verdad en todo esto o no. Lo importante es constatar que el hecho de que estemos rodeados por tal clase de informaciones, por la razón que sea, constituye una indicación clara de que estamos entrando en una época nueva y extraña.

Otro indicador que habla claramente de lo anormal de nuestro tiempo son las sistemáticas profecías que muchas personas están haciendo sobre los cambios geológicos de la Tierra. Gordon Michael Scallion, por citar a uno de ellos, nos ha pronosticado un futuro sumamente incierto. Según Scallion, vamos a sufrir en lo que queda de siglo una serie de terremotos, erupciones volcánicas, huracanes e inundaciones de tal magnitud, que no se ha visto nada parecido anteriormente. Pero Scallion no es el único. Nostradamus, Edgar Cayce y los indios Hopi, han estado pronosticando cosas similares durante mucho tiempo.

18

Figura 2-1. Como pronto veremos, en este círculo de recolección se encuentra representada una imagen muy significativa. Foto de George Wingfield.

Evidentemente está pasando algo aquí, en este planeta Tierra, que no es normal, tanto si se quiere hablar de ello como si no. A nivel de civilización hemos venido recogiendo cierta cantidad de información desde las culturas sumerias –hace 6.000 años– hasta 1900. Desde 1900 hasta 1950, aproximadamente, se dobló la cantidad de información obtenida a lo largo de ocho mil años. Y desde 1950 hasta 1970, volvió a doblarse; cosa que se repitió nuevamente, en los diez años transcurridos desde 1970 hasta 1980. La cantidad de información se va duplicando tan rápidamente que la NASA lleva un retraso de casi ocho años en la computarización de muchas cosas, por lo que sus ordenadores se encuentran sobrecargados. Por lo demás, estamos tan lejos de encontrarnos a nuestra propia altura que, a pesar de haber entrado en una nueva fase de la historia, pretendemos creer que todo lo que está pasando es más o menos igual a lo que siempre sucedió. Y esto no es cierto. Pero sigamos leyendo.

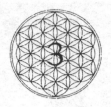

¿Por qué ahora?

¿Y por qué sucede todo esto ahora? ¿Por qué no sucedió hace diez mil años, o dentro de diez mil años? Pues porque estamos alcanzando un punto máximo en diferentes planos. Pero para poder explicar esto, es necesario que adelante un poco el curso de mi historia, y traiga a un primer plano a Drunvalo.

Dice Melquisedec que nuestro planeta tiene dos tipos de movimiento crítico. El primero, que se nos ha hecho familiar a lo largo de milenios, es el de la precesión de los equinoccios. El segundo, es un tipo de movimiento oscilatorio que fue detectado no hace mucho. De acuerdo con este segundo movimiento, nuestro completo sistema solar se desplaza por el espacio en espiral, lo que demuestra que estamos unidos a algo, a algún otro cuerpo estelar. Los astrónomos que se dieron cuenta de este fenómeno, se pusieron a investigar cuál podría ser ese otro cuerpo. En un principio se le situó en cierta zona perteneciente a una determinada constelación; posteriormente, se pensó en un grupo de estrellas. Hace cuatro o cinco años, se concretaron los cálculos en una estrella específica: Sirio A. Así pues, nos estamos moviendo por el espacio con Sirio A, en un movimiento espiraliforme, idéntico al plano helíaco de la molécula de ADN. Tenemos, por tanto, un destino común con Sirio. Y a medida que nos movemos conjuntamente, se va desplegando en nosotros un tipo de concienciación muy parecido al mensaje que despliegan los genes y cromosomas de la molécula de ADN, de acuerdo con planos muy específicos. Así pues, hay tiempos clave en los que pueden suceder ciertas cosas, es decir, cuando «genéticamente» se producen alineamientos críticos entre Sirio y la Tierra, y el resto del cosmos. Y uno de esos alineamientos se está produciendo precisamente ahora.

Echemos un vistazo a la precesión de los equinoccios (figura 3-1) El eje de la Tierra tiene una inclinación de 23 grados y medio. Tal inclinación justifica nuestros argumentos. En el ecuador celeste, el plano del ecuador terráqueo corta la esfera celeste, o la esfera imaginaria en la que parecen encontrarse las estrellas. Por tanto, si tomamos el ecuador de la Tierra y lo extendemos en la esfera del cielo, los dos puntos en los cuales el sol cruza el ecuador celeste marcarán la primavera y los equinoccios. En tales puntos, el día y la noche tienen una duración idéntica.

Ahora bien, el eje de la Tierra se mueve de forma que modifica los puntos equinocciales en un grado cada 72 años. Así pues, cada 2.160 años, los puntos equinocciales entran en una diferente constelación equinoccial. Cada 25.920 años se completa un giro o un ciclo completo, a través del zodíaco.

Aproximadamente, cada 25.920 años el extremo del Polo Norte traza una elipse. Uno de los focos de esa elipse se encuentra muy cerca del centro de la galaxia; el otro, lógicamente, está muy alejado. Los sabios de muchas antiguas civilizaciones, especialmente hindúes y tibetanos, afirmaron siempre que a medida que nos alejamos del centro de la galaxia, la humanidad entra en una especie de sopor de conciencia; mientras que cuando empezamos a acercarnos a ese centro, se genera un nuevo despertar.

Los sabios de la antigüedad dividieron la elipse creada por la precesión de los equinoccios en segmentos que denominaron yugas. La mayor parte de la información sobre estos yugas fue recogida en los últimos 2.000 años, un período denominado Kali Yuga. Curiosamente, este período es el punto más «dormido» de toda la elipse; y, por tanto, casi todo cuanto se ha escrito sobre el ciclo cósmico en los últimos 2.000 años ha sido interpretado por personas que se encontraban muy dormidas, y que intentaban extraer de los antiguos textos una serie de informaciones que no lograban entender. Tales individuos alteraron esos escritos, de forma que resultaran ininteligibles para todo el mundo. Dicho de otro modo, la mayor parte de la información transmitida al respecto no es muy fiable.

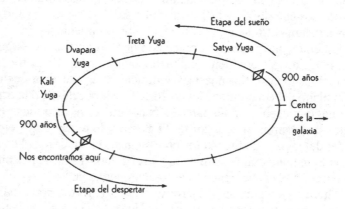

Figura 3-1 La precesión de los equinoccios.

Los antiguos habían descubierto dos puntos, situados a 900 años de cada extremo del segmento en que caemos en el sopor o iniciamos el despertar, respectivamente. Estos puntos están asociados a tremendos cambios; cambios de conciencia en los seres humanos, y cambios de los polos en los planetas.

En el presente nos encontramos situados en uno de esos puntos de cambio, e iniciamos el recorrido de regreso hacia el centro de la galaxia, es decir, empezamos el período del despertar. Situados a 180 grados del último cambio, tenemos ya muy cerca el próximo. Por ello, precisamente, es por lo que actualmente estamos llegando a nuestros límites críticos de población y de medio ambiente, entre otras cosas.

Según Toth, al que presentaré más adelante, el grado de cambio del polo terráqueo se halla directamente relacionado con el nivel de conciencia existente en la Tierra, y con la intensidad con que cambiará dicha conciencia. Es decir, existe una relación matemática entre el nivel de concienciación y el grado de cambio del polo. Otra forma de ver el fenómeno es el de que nuestro estado de sopor y de despertar son análogos al ciclo diario de veinticuatro horas, en el que la Tierra da una vuelta sobre su propio eje. Durante el período nocturno, la mayoría de la gente se encuentra durmiendo, mientras que durante el día se halla despierta. Una cosa similar sucede con el ciclo de precesión de los equinoccios. Durante el período en que el planeta se halla «dormido», la parte masculina gobierna y nos protege. Pero siempre es una mujer la que nos conduce de regreso a la luz. Según Drunvalo tal cosa ya ha sucedido. Una mujer empezó a gobernar en febrero de 1989. Aunque el próximo cambio de polos haya generado mucho pánico –no hay que olvidar que bastantes personas han construido refugios y almacenado alimentos, temiendo que los continentes (California incluida) pudieran quedar destruidos por las aguas–, Drunvalo cree que es posible que nada de eso suceda de momento, y que los cambios que puedan ocurrir sean menos dramáticos. De hecho, ya sucedió algo en 1972 que constituyó un gran cambio. Hablaremos de ello más adelante.

El punto en que nos encontramos ahora, en la precesión de los equinoccios, explica la razón de que las cosas estén sucediendo precisamente en este momento. A partir de 1988 y hasta el 2000, aproximadamente, habremos experimentado, muy probablemente, todos esos cambios. Y decimos «muy probablemente», porque Dios puede cambiar esas previsiones. Otra cosa que debemos tener muy en cuenta, según Drunvalo, es que todo cuanto pueda suceder vendrá determinado por la índole de nuestros pensamientos, y de nuestros sentimientos. Si logramos cambiar nuestra conciencia, también será posible que modifiquemos la forma en que habrán de desarrollarse los acontecimientos futuros, sean cuales fueren las profecías que se hayan hecho al respecto.

Estamos creando nuestra propia realidad. Y en cada momento construimos una nueva realidad colectiva. Tanto nuestros pensamientos como nuestras acciones y sentimientos son mucho más poderosos de lo que podamos imaginar; pero resulta que para la mayoría de nosotros es mínima, o prácticamente nula, la responsabilidad que tenemos sobre ellos. Pero ésta ya está cambiando. Y cambiando a tal velocidad, que se está generando un mundo de posibilidades tan nuevo como nunca pudo soñarse.

Cambios de los polos

Si lo que dice Toth es cierto, los cambios de los polos están conectados con nuestro modelo de evolución. Unos y otro se encuentran interrelacionados. El último de esos cambios fue un hecho importante, y estuvo directamente vinculado al proceso de concienciación. Sin embargo, no fue un cambio positivo; dado que «caímos» en el estado de conciencia, resultó un cambio negativo. Hasta hace bien poco, me parece que hasta 1950 más o menos, se creía que los cambios polares era algo que no sucedía nunca, o que pasaba una vez en mil millones de años. Pero, en realidad, los polos cambian cada 12.500 o 13.000 años; dicho con otras palabras, se producen cada vez que llegamos a los puntos críticos de la precesión de los equinoccios, de los que ya hemos hablado. Por tanto, estos cambios se producen de forma regular. Los científicos están descubriendo que en la historia de nuestro planeta ha habido numerosos cambios de los polos.

Estos fenómenos no sólo se producen cada cierto tiempo sino que, incluso, han dado lugar a inversiones totales; el norte ha pasado a ser el sur, y viceversa. Por ejemplo, hubo un tiempo en el que las capas de los polos estuvieron en el ecuador. Por ejemplo, raramente existe algún lugar en el planeta en el que no se encuentren conchas marinas. Se pueden hallar en la cumbre de las montañas Rocosas e, incluso, en el lago Titicaca, que estuvo en una época sumergido en el océano y hoy se halla a casi cuatro mil metros de altitud. Los científicos encontraron gran parte de esta información al extraer muestras del fondo marino, y estudiar las marcas de los sedimentos que había en ellas, similares a los anillos de los troncos de árboles.

Los cambios polares son de gran magnitud. Gracias a los métodos del ión y del radiocarbono, se puede afirmar que existen evidencias que sugieren que hace aproximadamente 12.000 años el Polo Norte cambió su emplazamiento en la bahía de Hudson, a 60 grados latitud norte y 83 grados longitud oeste, trasladándose a su actual situación en el océano Ártico.[1]

Actualmente nos encontramos en la línea sideral existente entre la constelación de Virgo y la de Leo. Cuando de noche estudiamos el cielo, nos imaginamos que estamos trasladándonos de Piscis a Acuario, aunque, en realidad, nos encontramos en Virgo y vamos hacia Leo. Precisamente por esto, la esfinge es una virgen con cuerpo de león, un símbolo de Virgo y Leo.

John White, en su libro *Pole Shift (Cambio de polo)* proporciona abundante información sobre este punto. En la Siberia septentrional se han encontrado restos humanos, de bisontes y de árboles que, al parecer, fueron violentamente destrozados y se congelaron inmediatamente. Cuando los bisontes quedaron congelados tenían en sus estómagos un tipo de pasto que sólo se da en zonas tropicales. Resaltemos el hecho de que cuando el agua se congela rápidamente, se pueden producir más de doscientas clases diferentes de hielo. Los restos orgánicos se encontraban tan profundamente insertos en la estructura del hielo, que todavía resultan comestibles hoy, 12.500 años después del cataclismo. Los cambios de los polos suceden de forma sumamente rápida. De hecho, pueden llevarse a cabo en el transcurso de veinte horas. Hay toda clase de teorías que explican las razones de estos cambios polares. Por ejemplo, se afirma que las capas de hielo se expanden y resbalan produciendo un desequilibrio de la Tierra, similar al de un giroscopio. Una teoría más reciente, la del físico sueco Hannes Alfvenis, denominada magnetohidrodinámica o MHD, asegura que bajo la sólida corteza terrestre existen otras capas semisólidas. En ocasiones, éstas actúan como masas sólidas y mantienen la corteza terrestre en su lugar; pero, otras veces, sobre todo cuando se produce un colapso del campo magnético de la Tierra, estas capas actúan como masas líquidas, y causan el cambio de posición de la corteza.[2] Se ha podido reproducir este fenómeno en laboratorio.

Nadie sabe qué es lo que desencadena el proceso. Una vez se inicia, la superficie de la Tierra se mueve a una velocidad de casi dos mil millas por hora, produciendo un viento que alcanza las mil millas por hora. Evidentemente, esto es más que suficiente para devastar cuanto se encuentre sobre la Tierra. No es de extrañar que se espere que la próxima vez que tal fenómeno se produzca, se pueda hacer algo para controlarlo.

Ahora bien, sea cual sea la importancia de los cambios polares, siempre se producirá otro cambio en el proceso de concienciación, vinculado a aquéllos. O sea, experimentamos modificaciones de forma paralela. Si se produce en nosotros un gran cambio de conciencia, esto puede afectar en gran medida al cambio físico de los polos. Así pues, nuestra tarea consiste en hacernos lo suficientemente conscientes para poder controlar el futuro cambio polar, haciendo de tal hecho algo provechoso y no temible.

Como monitor de rebirthing, permítanme que les diga que un cambio de polos es algo así como un nacimiento. Si la mujer que va a dar a luz se encuentra dominada por el miedo, el parto será difícil y penoso. Pero si se halla relajada y serena, el nacimiento de la criatura se producirá con toda facilidad. El parto puede y debe ser una cosa fácil. Al fin y al cabo, todo es un producto de la conciencia.

Tal vez usted crea que este tipo de informaciones pueden asustarle. No lo permita. A un nivel profundo, se da cuenta de que no hay problema alguno. Por lo general, cuando un planeta experimenta un cambio de polos, la evidencia es que son muchos los llamados y pocos los elegidos. Al final, cada uno hace lo que tiene que hacer. Son pocos los que inicialmente alcanzan una conciencia crística; los demás yacen en dimensiones más bajas (aunque ellos las consideren encomiables). A lo largo de un dilatado período de tiempo, probablemente cientos de miles de años, aquellos pocos que alcancen un nivel superior de conciencia movilizarán al resto de la humanidad, de manera que al final todo el planeta marchará hacia una conciencia crística. Pero aquí y ahora algo está sucediendo en el planeta Tierra. Hablaré de ello en los próximos capítulos.

Notas

1. John White, *Pole Shift* (Virginia Beach, VA: A.R.E. Press, 1980) pag. 94.
2. John White, *Pole Shift*, pag. 149.

Los problemas del planeta Tierra

Cuando llega el momento en que la conciencia realiza un gran cambio, se produce de forma simultánea un proceso de muerte y renacimiento que conduce al cambio actual. El planeta Tierra está viviendo ahora grandes problemas, mucho mayores de lo que se nos dice oficialmente. Alrededor de 1989, los poderes fácticos empezaron a «soltar» informaciones cruciales, pero sólo de forma parcial. Si cualquiera de esos problemas alcanzase su punto crítico, toda la vida del planeta se vería seriamente amenazada. Y parece que todo nos está llevando a este punto.

Por ejemplo, en 1980 Jacques Cousteau advirtió que los mares y océanos se estaban muriendo. Al principio nadie lo tomó en serio, pero hacia 1990 el Mediterráneo se encontraba muerto en un 85 por ciento. Al océano Atlántico está a punto de pasarle lo mismo. El Pacífico se encuentra un poco mejor, dada su inmensa masa líquida.

Si los océanos perecen, con ellos perecerán el plancton y el fitoplancton. Y tengamos presente que estos elementos no carecen de importancia en la cadena alimentaria sino que, por el contrario, constituyen la fuente de oxígeno más importante del planeta.

Otro problema es la destrucción de la capa de ozono, lo que permite que cada vez llegue hasta nosotros una mayor cantidad de los mortales rayos ultravioleta del sol. El director del Programa de Medio Ambiente de las Naciones Unidas ha calificado este problema como uno de los más graves a los que ha tenido que enfrentarse nunca la humanidad.[1] La destrucción de la capa de ozono de la atmósfera se está produciendo a unos niveles sin precedentes. Está ocurriendo en una proporción mucho mayor y en zonas mucho más extensas de lo que dicen los científicos. Desde diciembre de 1991 hasta febrero de 1992 quedó destruido el 20 por ciento de la capa de ozono que cubría Europa, la mayor destrucción que se conoce.[2] Joe Farman, el científico británico que descubrió el agujero de ozono en el Antártico, en 1985, afirma que las pérdidas estacionales de ozono sobre Norteamérica podrán alcanzar de un 20 a un 30 por ciento en el año 2000.[3]

El problema seguirá empeorando durante la próxima o las dos próximas décadas, debido al paso de las emisiones de productos químicos, que todavía no han alcanzado las capas superiores de la atmósfera. En diez o veinte años puede que no queden restos de la capa de ozono. Y sin ella la vida no es posible.

Éstos son dos de los muchos problemas medioambientales a los que tenemos que hacer frente. Hay tantos otros que se están produciendo ahora mismo, que da la impresión de que nos encontramos en un barco a punto de hundirse. Ese aspecto particular de nuestro planeta, ese aspecto tridimensional al que denominamos nuestras vidas diarias, no podrá mantenerse intacto durante mucho tiempo.

Según Drunvalo, si regresáramos a la Tierra al cabo de unos pocos años encontraríamos que ese nivel tridimensional habría desaparecido. Pero la vida seguiría existiendo. Porque todos nosotros habríamos cambiado nuestra longitud de onda hacia otro lugar que nos está reservado, y que es una tierra hermosa en la que no existen problemas. Nos moveríamos en una longitud de onda ligeramente más corta, y en una vibración de energía más alta. En la Biblia se llama Cielo a tal estado. En realidad, lo que habríamos hecho es pasar de la tercera a la cuarta dimensión.

Siguiendo la teoría de Drunvalo, los extraterrestres suelen visitar de forma regular planetas como el nuestro. Pero existe una ley universal que les impide mezclarse con nosotros. Por tal motivo, ellos se encuentran en un supertono más alto del que rige en el planeta, y que les hace mantenerse invisibles. Pero pueden dirigirnos con gran facilidad desde ese supertono más alto. De hecho, en nuestro planeta el citado supertono ya se encuentra tan saturado de curiosos visitantes extraterrestres, que los que han llegado más recientemente han tenido que recurrir a un segundo supertono, el cual, a su vez, ya se encuentra casi saturado. Lo que pasa con nuestro planeta es de lo más inusual en todo el universo. Incluso hay seres que han venido a observarnos desde galaxias alejadas de la nuestra. Por lo general, ellos nunca suelen molestarnos. La mayoría de los que están entre nosotros no sólo tienen cuerpos ligeros, sino que poseen tal naturaleza que sus cuerpos constituyen, al mismo tiempo, su propia nave espacial.

Notas

1. «Ozone, Making a Killing. How Workers And The Planet Are Disregarded... at Du Pont»; monografía publicada por Greenpeace, 1436 U Street, N.W., Washington, D.C. 20009, abril de 1992.

2. «Ozone levels found to be lowest on record» *The Independent*, Londres, 8 de abril de 1992.

3. Joe Farman, Entidad de Coordinación Europea para la Investigación del Ozono, Conferencia de Prensa del Departamento de Medio Ambiente del Reino Unido, 15 de octubre de 1991.

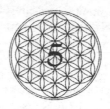

Dimensiones

Todos los niveles dimensionales de este mundo se encuentran aquí y ahora, hallándose unidos entre sí. La única diferencia entre los diferentes mundos dimensionales es su correspondiente longitud de onda. Ésta constituye la clave de todo el universo. Vivimos en una realidad creada exclusivamente por la longitud de onda. La correspondiente a nuestro mundo tridimensional es 7,23 centímetros. El promedio de longitud de todos los objetos en esta dimensión sería de 7,23 centímetros.

Las dimensiones se encuentran separadas unas de otras por la longitud de onda, de la misma forma que lo están las notas en una escala musical. Cada tono de la escala suena de modo diferente debido a su longitud de onda. El piano tiene ocho notas blancas y cinco negras que, juntas, dan al pianista la escala cromática completa. Entre cada una de las escalas hay doce puntos armónicos; en términos dimensionales éstos serían los supertonos. Es lo mismo que sucede al cambiar los canales en un aparato de televisión. Cuando usted utiliza el control de canales, está sintonizando diferentes longitudes de onda.

Cada dimensión también se halla separada de las demás por un giro de 90 grados. Si cambia de longitud de onda y gira 90 grados, desaparecería de este mundo, y aparecería en cualquier otra dimensión con la que hubiera sintonizado previamente. Las imágenes que surgirían ante sus ojos cambiarían también su longitud de onda para adecuarse al mundo en el que hubiera penetrado. Este planeta tiene muchos mundos diferentes. Todos están aquí, pero nuestra conciencia se halla sintonizada con una determinada longitud de onda. Mientras tanto, existimos literalmente en todos los niveles dimensionales y nuestra experiencia en cada uno de ellos es totalmente distinta.

Por ejemplo, si tuviéramos que subir un nivel, proceso en el que ahora nos encontramos, encontraríamos que todo cuanto pensamos se manifiesta externamente, tan pronto como lo pensamos. Sin embargo, aquí, en nuestra tercera dimensión, tal manifestación tarda cierto tiempo en producirse. Aunque nuestra mente cree nuestra propia realidad de modo infalible, la manifestación de la misma no es instantánea.

La clave para entender cómo moverse de un nivel dimensional a otro empieza por situar correctamente la estrella tetraédrica, que constituye la base de una entidad asombrosa, llamada el merkaba.

El merkaba

Cada estrella tetraédrica está formada por dos tetraedros entrelazados de forma que recuerdan la estrella de David, pero en tres dimensiones (figura 5-1) Estos dos tetraedros representan las energías masculina y femenina, perfectamente equilibradas. Estas estrellas se encuentran alrededor de todas las cosas, no solamente de nuestros cuerpos.

Poseemos un cuerpo físico, un cuerpo mental y un cuerpo emocional, y todos tienen formas de estrellas tetraédricas. Son tres cuerpos idénticos que se encuentran sobrepuestos; la única diferencia existente entre ellos es que la estrella del cuerpo físico está cerrada y no gira. El merkaba está creado por campos de energía contra-rotatorios. La estrella tetraédrica mental, de naturaleza eléctrica y masculina, gira hacia la izquierda. La estrella tetraédrica emocional, de naturaleza magnética y femenina, gira hacia la derecha. Lo que forma el merkaba es la conexión entre los cuerpos físico, mental y emotivo, en una relación geométrica específica y a una velocidad exacta.

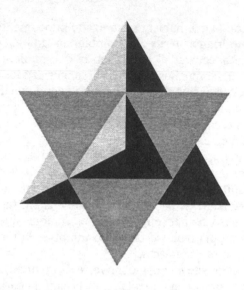

Figura 5-1. Una estrella tetraédrica.

La palabra *Mer* denota un campo luminoso contra-rotatorio; *Ka* es el espíritu, y *Ba* es el cuerpo o realidad. Así pues, Mer-Ka-Ba, es el campo luminoso contra-rotatorio, que rodea al cuerpo y al espíritu, y que constituye un vehículo, un vehículo espaciotemporal. Es la imagen a través de la cual fueron creadas todas las cosas, un conjunto de modelos geométricos que rodean nuestros cuerpos. Esta imagen empieza en la base de nuestra columna vertebral, como las ocho células originales que formaron inicialmente nuestros cuerpos físicos. Desde ahí se extiende hasta alcanzar una dimensión de 16'75 centímetros de diámetro. Primero forma una estrella tetraédrica, después un cubo, más tarde una esfera y, por último, una pirámide entrelazada.

Además, los campos de luz contra-rotatorios del merkaba comprenden un vehículo espaciotemporal. Una vez que usted sabe activar estos campos, puede utilizar su propio merkaba para viajar a través del universo, prácticamente a la velocidad del pensamiento.

En la mayor parte de los seres terrestres no funciona el merkaba. Drunvalo dice que en nuestro planeta hay aproximadamente dos mil personas cuyos merkabas funcionan, y unos ocho mil maestros evolucionados que residen en otro nivel de conciencia terrestre.

Los Melquisedec

Aunque usted pudiera viajar en el merkaba a otros niveles dimensionales, si su conciencia no se ha desarrollado lo suficiente como para poder manejar los altos niveles vibratorios, no podría permanecer en esos niveles. Sin embargo, ciertos seres pueden moverse a través de todos los niveles dimensionales y permanecer conscientes; éstos son los Melquisedecs. Un Melquisedec existe en un nivel de conciencia que, superando nuestras doce dimensiones, le ha llevado a una decimotercera. De forma muy sencilla, se podría decir que un Melquisedec es alguien capaz de atravesar los 144 niveles dimensionales y sus supertonos, permaneciendo consciente y estable en todo momento, ¡casi nada! Estos «144 niveles» son las doce dimensiones y los doce sobretonos armónicos de cada una de ellas.

Nuestra historia

Con objeto de que podamos entender lo que está sucediendo ahora y lo que pueda sucedernos en el futuro, es esencial que conozcamos el pasado. Las plantas, por ejemplo, utilizan un tipo de matemáticas descritas en la secuencia Fibonacci, que determinan lo que han de hacer en su crecimiento. Una planta observa lo que ya tiene formado, se asegura del punto en el que se encuentra, y entonces sabe adónde va. Suma el número de hojas que ha formado hasta el momento presente, para saber cuántas más ha de formar seguidamente. Se dice, por ejemplo, «He crecido una hoja y me encuentro en ella; eso quiere decir que ahora voy a crecer dos hojas». Cuando ha formado esas dos hojas, se dice: «Estoy en una hoja y ya he crecido dos, luego voy a formar la tercera», etc. La planta necesita mirar hacia atrás para comprobar dónde se encuentra y saber hacia dónde va. Esto constituye una estructura orgánica,

Como humanos que somos debemos conocer nuestra historia, ya que hemos de saber cómo hemos llegado a nuestra situación actual, a fin de salir de ella. Suponemos que nuestra historia empezó en el 3800 a.C., en Sumer, y que antes de esa fecha no éramos otra cosa que bárbaros peludos. Presumimos de ser lo más importante que jamás haya existido en este planeta. Pero, según

Drunvalo, han existido tantas civilizaciones que ni siquiera podemos imaginar su número. En la Tierra ha habido civilizaciones desde hace quinientos millones de años. Nuestro planeta es una especie de tierra de cultivo estelar, a la que han llegado formas de vida procedentes de todas partes; tales formas de vida, combinándose entre sí, generaron otras nuevas. Cada una de estas formas de vida ha pasado a través de cinco niveles de conciencia. En el momento presente nos encontramos en la segunda de las cinco. Casi toda la evidencia referente a las civilizaciones avanzadas del pasado ha sido puesta fuera de contexto o, simplemente, ignorada por la ciencia. Por ejemplo, tenemos una vinculación con la estrella Sirio de la que se sabe muy poco, pero cuyo conocimiento resulta esencial para comprender nuestra condición presente. Robert Temple, en su libro *El Misterio de Sirio* [1] comenta que existe una tribu africana, cerca de Timbuctú, llamada los dogones. Durante más de setecientos años esta tribu ha poseído una información que nuestros científicos desconocían hasta hace tan sólo veinte años, más o menos, en que la obtuvieron gracias a los satélites espaciales.

Los dogones saben mucho acerca de Sirio. Sirio es la estrella más brillante de nuestro firmamento y se encuentra situada a la izquierda y justo debajo del cinturón de Orión. Los dogones decían que había otra pequeña estrella que giraba alrededor de Sirio, y que estaba hecha del material más pesado que existía en el universo. Esta estrella tardaba cincuenta años en su rotación alrededor de Sirio. Se trataba de una estrella muy vieja. Debido a que los astrónomos no lograban verla con sus telescopios, los etnógrafos pensaron que se trataba simplemente de un detalle de la mitología de los dogones. Pero en 1970, un telescopio lanzado al espacio encontró una estrella blanca enana, girando en torno a Sirio. Como se afirma en el «mito» de los dogones, esta estrella es muy vieja. Se calcula que una pulgada cúbica de su materia puede pesar alrededor de una tonelada. Se precisó también que su órbita era de unos cincuenta años. Recibió el nombre de Sirio B, para diferenciarla de la original, a la que se rebautizó con el nombre de Sirio A.

Cuando un grupo de científicos visitó la tribu de los dogones para indagar cómo habían logrado su información, los más viejos de la tribu se limitaron a responder que la habían recibido de seres llegados del cielo en un platillo volante. Esos seres habían hecho un gran agujero en el suelo, que inmediatamente llenaron de agua. Los ocupantes de la nave, que tenían el aspecto de delfines, se lanzaron al agua y tras llegar a tierra hablaron con los dogones. Les contaron que procedían de Sirio, y les narraron muchas historias sobre aquella estrella.

Pero los dogones todavía guardaban una información más increíble. Tenían una imagen visual de los movimientos de Sirio A y Sirio B, vistas desde la tierra, durante un período de tiempo que va desde 1912 hasta 1990, y que concluía en una imagen exacta del lugar en que se encontrarían las dos estrellas en el momento presente. Disponían también de una gran cantidad de información sobre los planetas de nuestro sistema solar, incluyendo varias lunas. ¿Cómo pudieron saber, o imaginar, semejantes datos, de forma tan precisa?

Mi siguiente información tiene que ver con la Esfinge. Los egiptólogos dicen que la Esfinge fue construida alrededor del 2800 a.C. por el faraón Kefrén. El matemático, filósofo y orientalista R. A. Schwaller de Lubicz dice en su libro *Le roi de la theocratie pharaonique*, escrito en 1961:

> Hemos de admitir que se produjeron grandes inundaciones en Egipto mucho antes de que se formasen las grandes civilizaciones faraónicas. Tal hecho queda demostrado por la existencia de la Esfinge, esculpida en la roca de los acantilados occidentales de Gizeh. Dicha esfinge muestra en todo su cuerpo leonino, con excepción de la cabeza, las marcas indiscutibles de una erosión causada por el agua.[2]

El egiptólogo John Anthony West, tras haber leído el libro de Schwaller de Lubicz, en 1972, decidió investigar las marcas causadas por el agua, encontradas en la esfinge. Descubrió que eran de un tipo especial, y que no habían sido producidas por la arena o por el viento, sino por una corriente de agua de unos sesenta centímetros de profundidad. Calculó que para que se hubieran podido producir semejantes marcas en la piedra de la esfinge, tuvo que haber una persistente corriente de agua de lluvia que rozara la piedra durante un periodo mínimo de mil años. Este dato pone a la geología en franca oposición a la arqueología. Si el desierto del Sáhara tiene una antigüedad de 7.000 a 9.000 años, y las marcas hechas por el agua de lluvia necesitaron un milenio para producirse, todo demuestra que la esfinge tiene, como mínimo, una antigüedad de 8.000 a 10.000 años. Los egiptólogos no dicen nada al respecto. Las evidencias de que tal hecho es cierto son demasiado fuertes para negarlo, pero temen echar por tierra todas las teorías establecidas de que en aquellos tiempos, hace 8.000 o 10.000 años, no había nadie capaz de construir algo parecido a la Esfinge. Según Toth, la Esfinge guarda pruebas de la existencia de civilizaciones en nuestro planeta durante cinco millones y medio de años, aunque debieron de existir muchas más, a lo largo de quinientos millones de años. Algo debió de ocurrir hace cinco millones y medio de años, que destruyó el registro de la memoria akásica de la Tierra. Incluso Toth ignora qué pudo suceder entonces, y cómo se puede acceder a los registros más antiguos.

Según la historia convencional, da la impresión de que la civilización sumeria surgió de improviso, sin que la precediera la menor evolución. Sucede lo mismo con Egipto. La escritura egipcia aparece un buen día en su forma más evolucionada, y a partir de ahí va decayendo. Todas las antiguas civilizaciones, Sumer, Babilonia, Egipto, etc., se desarrollaron con gran rapidez, e inmediatamente inician su declive. En las ruinas de las ciudades sumerias los arqueólogos han encontrado tablillas en las que aparece representado el sistema solar, con todos sus planetas en perfecto orden. En una de ellas incluso se establecen las distancias interplanetarias.[3] ¿Cómo se pudo saber esto? También hay tablillas que suministran detalles referentes a la precesión de los equinoccios. Se sabe que la única forma de descubrir tal precesión es mediante la observación, y que el tiempo mínimo requerido para tal observación tendría que haber sido de 2.160 años. ¿Cómo obtuvieron esa información los sumerios, si, de acuerdo con nuestro criterio, no existieron civilizaciones que se desarrollaran 2.160 años antes de ellos?

Nuestros creadores

Mi exposición retrocede ahora 400.000 años. Para ello incorporaré informaciones obtenidas de Toth y de Zecharia Sitchin; en particular, del libro de Sitchin *The 12th Planet*[4] y *Genesis Revisited*.[5] Sitchin cree que existe un planeta más en nuestro sistema solar, llamado Niburu sumerio, que tiene una órbita elíptica similar a la de un cometa, y que tarda 3.600 años en dar una vuelta completa alrededor del Sol. Los habitantes de ese planeta, los Nefilim, vinieron a la Tierra hace unos 400.000 años. Aunque Toth no da razones, Sitchin afirma que el motivo de su venida fue la necesidad de obtener oro para su atmósfera. En su libro *Genesis Revisited* escribe lo siguiente:

> En su planeta Nibiru, los Anunnaki/Nefilim tenían que hacer frente a una situación, a la que pronto tendremos que enfrentarnos también en la Tierra: el deterioro ecológico estaba haciendo imposible la vida. Se necesitaba proteger la atmósfera, y la única solución parecía ser la suspensión de partículas de oro en el aire, para formar una especie de escudo protector.[6]

Así pues, vinieron aquí para extraer oro. Después de aproximadamente 200.000 años de ingentes trabajos, los mineros se rebelaron y decidieron crear su propia raza de servidores –que somos nosotros– que explotara el oro para ellos. Merece la pena reseñar el hecho de que los arqueólogos han encontrado en las minas de oro más antiguas de Sudáfrica, huesos de *Homo sapiens* y herramientas perfeccionadas cuya antigüedad se remonta, como mínimo, a 50.000 años. Se cree que la explotación minera de oro en África tiene una antigüedad incluso superior. Sitchin asegura que los Nefilim nos crearon hace unos 300.000 años, pero Toth es muy exacto al respecto. Él dice que fuimos creados exactamente hace 200.209 años (en relación al año 1994).

Según Sitchin, los Nefilim nos crearon mediante experimentos genéticos; pero Toth es de la opinión de que no pudieron hacerlo solos, y necesitaron ayuda de algún planeta fuera de nuestro sistema solar. Esa ayuda exterior vino de un lugar que ya nos es familiar: los habitantes de Sirio se aliaron con los Nefilim para crearnos. Al principio vinieron y amerizaron en el océano, de donde emergieron con figura mitad hombre y mitad pez. Inicialmente estuvieron en el mar para tomar contacto con los delfines, que tenían un nivel de conciencia similar al suyo. Según Toth, los habitantes de Sirio decidieron en cierto momento abandonarnos, pero previamente quisieron dejar tras sí a seres con cierto nivel de conciencia. Siete de esos seres abandonaron, pues, sus cuerpos y formaron esferas de conciencia. Se fundieron a la semilla vital y crearon, de este modo, un óvulo. Cuando siete de estos seres se unen entre sí para formar la semilla vital, aparece una llama de más de un metro de altura que da una luz blanco azulada. Aunque parece una llama, es fría. Una vez formada, fue depositada en las «estancias de Amenti».

Las estancias de Amenti son un palacio muy antiguo, construido hace más de cinco millones y medio de años. Nadie sabe con exactitud su antigüedad ni tampoco quién lo construyó, debido al trágico suceso acaecido hace cinco millones y medio de años, que destruyó los registros akásicos del planeta. Recordemos, una vez más, que si bien la historia de la Tierra abarca unos quinientos millones de años, nosotros sólo tenemos acceso a los últimos cinco millones y medio.

Las estancias de Amenti son actualmente una especie de urbimbre dimensional que se encuentra en el espacio y que semeja una matriz. Sólo hay una forma de entrar en ellas, pero una vez que uno se encuentra allí es como si se hallase en medio de un espacio infinito. Esta urdimbre se halla perennemente en un supertono dimensional más alto que el nivel vibracional de la Tierra. Se sitúa, por lo general, a unas 440.000 millas en el espacio exterior, pero durante la era de Atlantis se encontraba sobre la superficie de nuestro planeta. Actualmente está a unas mil millas de profundidad, en el interior de la Tierra. A Drunvalo se le permitió entrar en la primera de las estancias; allí pudo ver una gran pirámide, dentro de un rectángulo dorado. En el interior de la pirámide se encontraba la llama.

En Sirio B o, más exactamente, en el tercero de los planetas que rodean a Sirio B, también se realizaron trabajos de creación o de transeminación, de forma simultánea a los llevados a cabo por los Nefilim. Dieciséis parejas, machos y hembras, los integrantes de lo que allí constituye una familia, viajaron a la Tierra desde

Sirio B, y llegaron directamente a la llama que se encontraba en las estancias de Amenti. Yacieron y se fundieron con la llama. Su periodo de concepción duró unos dos mil años. Así pues, en nuestra creación inicial intervinieron dos razas separadas, una procedente de Sirio y otra de Nibiru.

Según la interpretación de los textos sumerios que Sitchin realiza en su libro *The 12th Planet*, una vez que los Nefilim nos crearon para trabajar en las minas de oro de África, algunos de nuestros antepasados fueron llevados a Mesopotamia, para trabajar en los jardines existentes en E.DIN. Los «dioses» nos querían porque, a fin de cuentas, estábamos hechos a su imagen. Pero en el jardín del E.DIN, en el que los Nefilim tenían sus huertos, se nos advirtió que no comiéramos del fruto de cierto árbol, llamado «el árbol de la ciencia». Desobedecimos. El comer esa fruta y obtener el «conocimiento» era algo muy importante, ya que nos proporcionaba la capacidad de poder reproducirnos sexualmente. Hasta ese momento no éramos más que seres híbridos, es decir, una mezcla de dos especies diferentes; y como tales híbridos, éramos incapaces de reproducirnos. Sitchin supone que los textos sumerios dicen que éramos una mezcla de los Nefilim y el *Homo erectus*, el antecesor del *Homo sapiens*. Ha sido Toth el que nos suministró la información adicional, sobre el papel de los seres venidos de Sirio.

Como era de suponer, los Nefilim no deseaban que pudiéramos reproducirnos. Querían tener todo el control sobre su experimento. El conocimiento que conseguimos al comer la fruta del árbol prohibido no era propiamente un conocimiento científico, sino la forma de saber cómo poder procrear, cómo poder transformarnos de seres híbridos estériles en nuevas especies, plenamente capaces de reproducirse. Los Nefilim se enfurecieron cuando se dieron cuenta de que habíamos conseguido ese poder reproductor, y nos obligaron a abandonar el jardín.

Según afirman los especialistas en textos antiguos, los registros sumerios son anteriores a los bíblicos, y el relato de la creación bíblica parece ser una especie de síntesis de esos antiguos textos sumerios.[7]

Aunque nos vimos obligados a abandonar su jardín, los Nefilim nos permitieron que pudiéramos cultivar los campos. De este modo, nuestros antepasados emigraron a la zona montañosa que se encontraba al este del jardín, en Mesopotamia. Según Toth, permanecieron allí durante mucho tiempo. Pero entonces se produjo otro gran cambio de conciencia, paralelo a otro cambio polar, y aquel continente se hundió. Muchos de los supervivientes llegaron a África, pero los más evolucionados marcharon a Lemuria, una tierra que emergió de las aguas cuando el resto de los continentes se hundieron.

Lemuria

El continente de Lemuria duró entre 60.000 y 70.000 años. Durante esa era lemuriana la conciencia del planeta se hizo predominantemente femenina e intuitiva. Los lemurianos poseían una tecnología que no podemos siquiera imaginar; por ejemplo, utilizaban unas varillas magnéticas que sólo funcionaban cuando se establecía la debida unión entre mente y corazón.

Remontándonos en el tiempo a una Lemuria de hace 80.000 años o, lo que es similar, a mil años antes de que el continente se hundiera –y el continente se fue hundiendo muy lentamente, al menos, al principio–, nos encontramos con una pareja, de nombres Ay y Tya. Tanto Ay como Tya se habían convertido en seres físicamente inmortales, y habían creado una escuela, la Escuela Naacal de los Misterios, en la que enseñaban a sus discípulos cómo conseguir la inmortalidad y la ascensión. La ascensión es un método de concienciación que permite pasar de un mundo a otro, con el mismo cuerpo. Es un proceso distinto a la resurrección, que consiste en un movimiento de concienciación por el que se pasa de un mundo a otro, mediante la muerte y la posterior recomposición de la luz corporal en la otra dimensión. En la escuela pudieron graduarse unos mil maestros inmortales, antes de que Lemuria empezara a hundirse rápidamente. Al ser extremadamente intuitivos, los lemurianos sabían que su tierra se iba a hundir y, por tanto, se prepararon para tal situación, lo que permitió que el número de víctimas, cuando se produjo el cataclismo, fuera muy reducido. A medida que el continente se fue haciendo inhabitable, casi todos los lemurianos emigraron a una zona situada al sur del lago Titicaca, en Perú, y también a otro lugar mucho más al norte, el monte Shasta, en California.

Atlántida

Cuando Lemuria quedó cubierta por las aguas, los polos cambiaron, y surgió del mar la masa continental de la Atlántida. Los maestros inmortales, aproximadamente mil, procedentes de la escuela de los misterios Nacal de Lemuria, se establecieron en la Atlántida, y más concretamente en una de sus diez islas, llamada Undal. Lo primero que hicieron los maestros cuando arribaron a Undal fue construir una muralla que dividiera la isla de norte a sur. Esta muralla, que tenía una altura de trece metros y una anchura de seis, separaba tajantemente ambas partes, de forma que no era posible pasar de una a otra.

Seguidamente, los maestros inmortales erigieron otra muralla más pequeña que iba de este a oeste, con la cual la isla quedó dividida en cuatro cuadrantes. Esta estructura era una réplica del cerebro humano, el cual también se encuentra dividido en dos hemisferios, con el cuerpo calloso que se halla a lo largo del centro. El hemisferio izquierdo, el lado masculino, trabaja con la lógica. El hemisferio derecho, el lado femenino, se basa en la experiencia o intuición. Pero el lado masculino tiene también una parte femenina o experimental asociada con él, mientras que el hemisferio o lado femenino tiene asociado, a su vez, un aspecto masculino o lógico. Éstos son, por tanto, los cuatro cuadrantes del cerebro humano.

Cuando los maestros hubieron concluido la división de su isla, la mitad de ellos se estableció en una parte y la otra mitad ocupó la parte opuesta. Los maestros inmortales de la parte izquierda se volvieron pensadores lógicos, mientras que los que permanecían en la zona derecha de la isla se convirtieron en pensadores intuitivos. Llevaron esto hasta el punto de convertir la isla en un ser vivo. Entonces proyectaron sobre la mayor de las islas los diez módulos del Árbol de la Vida, de modo que los vórtices de energía empezaran a girar fuera de esos diez puntos y atrajeran a los lemurianos a la Atlántida. Cada persona atraída a su vórtice específico quedaba asociada así con el vórtice de su verdadera naturaleza. De este modo, los lemurianos que se habían establecido en el lago Titicaca o en el monte Shasta, se vieron impelidos, sin saber por qué, a emigrar a la Atlántida. La razón de tal impulso la constituían los vórtices de energía creados por los maestros inmortales.

Desgraciadamente, el modelo de evolución de Lemuria sólo había permitido a sus habitantes el desarrollo de ocho de los diez vórtices energéticos asociados al Árbol de la Vida. Los lemurianos emigraron a ocho de esos diez puntos, que se convirtieron en ciudades importantes, pero los otros dos vórtices quedaron vacíos. Esto dio pie al inicio de graves problemas.

Los vórtices energéticos vacíos terminaron por atraer a dos razas extraterrestres –que, en principio, no habían sido invitadas– a que se unieran con nuestras conciencias humanas, y formaran parte de nuestra propia evolución. La primera de estas razas extraterrestres fueron los hebreos, de origen desconocido, que no presentaron problemas. De hecho, constituyeron una ayuda en muchos campos, porque aportaron una información que nosotros no poseíamos todavía. El problema se presentó con la segunda raza de extraterrestres que procedía de Marte. Este Marte no era el que conocemos ahora, sino el que existía hace un millón de años. En esa época, Marte era un hermoso planeta lleno de vida, y de ningún modo la tierra muerta en que se ha convertido después. Pero los marcianos eran seres que sufrían los efectos de la rebelión de Lucifer –causa también de la destrucción de su planeta– que producía un tipo de enfermedad, con la que nosotros tuvimos que enfrentarnos más tarde. Pero el problema marciano no había sido creado por el propio Lucifer, sino por un carácter de tipo similar. A este problema he dado en llamarlo «la rebelión de Lucifer», aunque el propio Lucifer no haya tenido nada que ver en ella, al menos hasta que se produjo la parte más reciente del levantamiento.

La rebelión de Lucifer

Lucifer constituía uno de los ángeles más increíbles jamás creados por Dios. No obstante, adolecía de un fallo; creía que era tan divino como el propio Dios. Lucifer conocía el mecanismo del modelo de creación, el merkaba, pero sólo le estaba permitido trabajar con él en el aspecto interno. Ese trabajo interno significa que uno sólo puede disponer de un cuerpo emocional intacto, junto con un cuerpo mental que le sirve de protección. Lucifer fue un paso más allá, e intentó actuar en el plano externo. Pero al separarse de Dios, que era su origen, ya no estaba capacitado para actuar internamente. No obstante, en un principio, y antes de que se produjeran las inevitables consecuencias, Lucifer debió pensar: «No hay problema. Si Él lo ha logrado en el plano interior, yo lo conseguiré en el exterior. Al fin y al cabo, se trata del mismo merkaba». Pero tal razonamiento es parecido al que utilizan los que dicen que la bomba de hidrógeno es igual que la fuerza del amor, porque ambas son brillantes y cálidas. La exteriorización del merkaba era, sin embargo, mil millones de veces más potente.

Ahora bien, este tipo de enfrentamiento con Dios se intentó en tres ocasiones antes de que se llevara a cabo la que, finalmente, afectó a nuestro planeta y que concluyó en un caos total. La última rebelión de Lucifer tuvo lugar hace unos 200.000 años, y en esa ocasión logró convencer a una tercera parte de los ángeles existentes, para que se unieran a él.

Hace un millón de años, la raza de los marcianos estaba a punto de perecer debido a los efectos de la primera rebelión luciferina (la tercera de ellas). El planeta estaba a punto de ser exterminado por los ataques causados por un merkaba indebidamente utilizado. Cuando se crea un merkaba internamente, utilizando la fuerza del amor o su cuerpo emocional, se convierte en un campo viviente que envuelve su cuerpo; pero cuando se crea externamente, no se tiene por qué utilizar esa fuerza amorosa, sino simplementte se emplea la mente calculadora. En consecuencia, ésta produce un ser que posee solamente un cerebro izquierdo, el cual carece de cuerpo emocional y no entiende lo que es el amor. El mejor ejemplo de este tipo de raza son los Grises (los Grises son descendientes de los marcianos, y una de las especies alienígenas que actualmente visitan la Tierra). Otro de los efectos producidos por la creación exclusivamente exterior de un merkaba es que el acto, en sí mismo, genera dualidad. No podría ser de otro modo, desde el momento en que se desdobla para exteriorizar y modificar las emociones, convirtiéndolas en pura tecnología. En cuanto todo queda desdoblado y uno se entrega a la acción de sus propios mecanismos, se vuelve más y más difícil percibir el espíritu Uno que mueve todo el universo. Así pues, aunque veamos el bien y el mal y, a pesar de que el espíritu Uno se halle todavía presente en el mundo exterior, resulta increíblemente difícil discernir el uno del otro.

Cuando los marcianos llegaron a la Atlántida, trajeron consigo las secuelas de la rebelión de Lucifer, y esto constituyó la herencia que legaron a la Tierra. El problema fue que los marcianos constituían una cultura de cerebros izquierdos. Lo sabían y comprendían prácticamente todo de forma intelectual, pero carecían de sentimientos; y, más concretamente, carecían de amor. Así pues, no tenían por qué preocuparse de nadie, excepto de sí mismos. Como consecuencia de esto, se encontraban siempre peleando, por lo que destruyeron su atmósfera, de la misma manera en que lo estamos haciendo ahora nosotros. Cuando Marte se hizo inhabitable, un pequeño grupo de marcianos, aproximadamente un millar, construyeron cierto tipo de estructuras en una región a la que hemos dado el nombre de Cydonia, una región cuyos vestigos y aparentes monumentos fueron fotografiados en la superficie de Marte por la nave espacial *Viking*, en 1976. Tales monumentos representan, con detalles perfectamente matemáticos, y a muchos niveles, la forma de la estrella tetraédrica; también describe cómo los marcianos crearon su desafortunado merkaba externo. Habían perdido su capacidad para crear el merkaba interior, de modo que desde hacía mucho tiempo ignoraban lo que eso pudiera ser. Al fin y al cabo, semejante vehículo requería un cuerpo emocional. Pero, como en realidad sabían crear un merkaba externo, lo hicieron. Una vez hecho, supusieron que ésa era la única opción que podía existir.

Gracias a la creación de este magnífico vehículo exterior espaciotemporal, los marcianos podían desplazarse por el espacio, viajando en el tiempo, y descubrir y decidir el momento y lugar adecuados para llegar a un determinado planeta. De este modo vieron, proyectándose en su propio futuro –aproximadamente, hace unos 65.000 años en nuestra cronología–, que ese lugar era la Atlántida, en el planeta Tierra. De modo que decidieron esperar por él. Y, en su momento, aquí se dirigieron. Desembarcaron contra nuestra voluntad y trataron de someternos inmediatamente, pero eran muy pocos y no consiguieron su propósito. Finalmente decidieron cambiar de táctica y adoptar nuestros mecanismos de actuación femeninos, si bien no los entendían ni los aceptaban. Pero se pusieron a la tarea, intentando llevar a cabo su plan durante un período de unos 50.000, aunque con algunas interrupciones. Su influencia sobre nosotros fue tan fuerte, que empezamos a modificar nuestra forma de conciencia, pasando de unos mecanismos de actuación femeninos a otros masculinos. No llegamos a cambiarlos por completo, pero sufrimos una importante transformación.

Cuando los marcianos iniciaron su intervención en nuestro modelo de evolución, en la Atlántida, éramos como el equivalente de una adolescente de trece o catorce años, mientras que ellos representaban el equivalente a un hombre de sesenta y cinco. Se involucraron en nuestros modelos evolutivos contra nuestra voluntad; es decir, realmente nos violaron. Como ya he dicho, si hubieran podido nos hubieran sometido inmediatamente, pero eran pocos y por tanto tuvieron que contentarse con seguir la pauta marcada por nuestros sistemas ingenuos, al menos durante algún tiempo.

Aunque siempre se produjeron conflictos, las cosas fueron progresando suavemente hasta hace unos 16.000 años. En esa época un meteorito chocó contra la Tierra en el lugar que hoy ocupa Charlestown, en Carolina del Sur. Los pedazos de roca desprendidos del meteoro se diseminaron sobre una extensión equivalente a cuatro estados, formando grandes cráteres. Los atlantes eran para entonces una civilización sumamente desarrollada, y sabían que el meteorito se aproximaba a la Tierra. De hecho, su tecnología les hubiera permitido hacerlo estallar en el espacio. La facción de los marcianos insistió en que se debería proceder a la destrucción del meteorito, pero aunque la influencia que ejercían sobre nosotros era muy fuerte, nuestra orientación femenina fue lo suficientemente resistente como para rechazar la propuesta. Básicamente, el aspecto femenino venía a decir: «No, no dispararemos contra ese cuerpo celeste, porque pertenece a Dios; que suceda lo que haya de suceder. Veremos qué pasa». Los atlantes observaron el impacto del meteorito, y pudieron comprobar así que el mayor daño producido por la colisión había tenido lugar en la zona ocupada por los marcianos. En realidad, gran parte de esa zona quedó sumergida. Los marcianos supervivientes pensaron que esto era ya lo que les faltaba.

Así que los adoradores del merkaba externo decidieron, desde ese momento, no seguir por más tiempo nuestras directrices, y obrar por su cuenta. Y lo que hicieron fue preparar otro experimento luciferino similar al ya realizado un millón de años antes en Marte, cuando fabricaron el vehículo exterior. Pero seguían careciendo del cuerpo emocional y del amor necesarios para crear un campo contragiratorio que fuera una entidad viviente, ya que no habían hecho nada para nutrir este aspecto de su personalidad, durante su estancia en la Tierra. Pero tenían, o al menos creían tener, capacidad suficiente para reinventar el merkaba exterior. A fín de crearlo, intensificaron los rasgos de aquella pasada rebelión luciferina, pero esta vez sobre la Tierra. Y de nuevo fracasaron estrepitosamente. El experimento quedó fuera de control, permitiendo que se abrieran peligrosos niveles dimensionales en los que se encontraban espíritus que no deberían verse libres –un tipo de espíritus que tenían que permanecer en otros mundos– y que invadieron la tierra por millones. Así fue cómo se abrió la caja de Pandora, y el mundo se volvió loco.

Millares y millares de aterrorizadas y aullantes entidades telequinésicas y altamente psíquicas fustigaron no solamente la atmósfera sino también la mente, el cuerpo y el espíritu de los habitantes del planeta. Fue un espectáculo poco agradable.

La ayuda prestada en esa ocasión por los maestros evolucionados fue muy notable, pues cerraron con la mayor rapidez posible la mayoría de las grietas dimensionales que se habían producido; pero, a pesar de ello, no se pudo evitar que, dado el ingente número de espíritus malignos que andaban sueltos, cada habitante de la Atlántida terminase alojando en su cuerpo entre veinte y cien de ellos. Las cosas eran mucho peores de lo que lo son actualmente en nuestro planeta, aunque ya nos estamos aproximando rápidamente a aquella situación. Y no olvidemos que esos espíritus todavía siguen entre nosotros. Porque todo ser viviente de nuestro planeta tiene, al menos, alguno de esos espíritus en su cuerpo.

El fracaso de este experimento tuvo lugar hace unos 16.000 años, y durante otros 4.000 las cosas siguieron empeorando. Los maestros evolucionados –es decir, los aspectos más elevados que la conciencia planetaria llegó a adquirir en toda su evolución– contemplaban lo sucedido desde el décimo, undécimo y duodécimo tonos de su sexta dimensión y rezaban pidiendo ayuda. Tenían que encontrar una forma de salvación. Pero no podían exterminar a los marcianos o matar a los espíritus desencarnados, porque ésa no es la forma de obrar de los maestros, dado que tampoco es ése el proceso natural de la vida. Por eso lo que ellos estaban buscando y pidiendo en sus plegarias era encontrar una fórmula de salvación para todos.

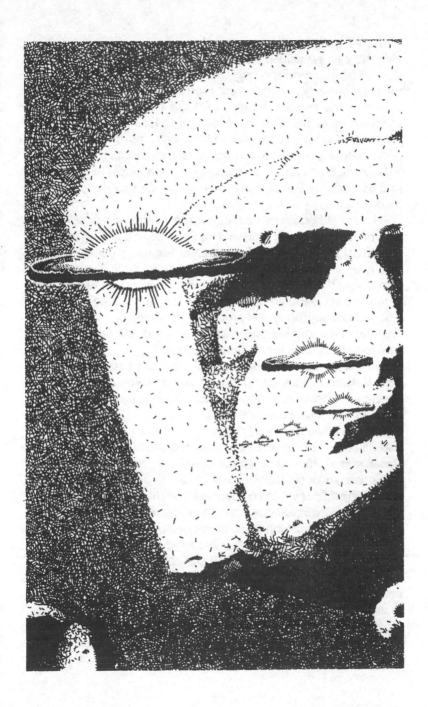

La vida, en sus aspectos más elevados, es una unidad de conciencia; y en tal unidad de conciencia no existe dualidad, ni ilusión. Resulta meridiano que hay Un espíritu único que mueve todas las cosas, y puesto que ese espíritu Uno lo activa todo, cada cosa es parte integral del todo. Tal era la razón por la que los maestros no podían bloquear ni destruir a los marcianos. Nuestra filosofía moderna, con espíritu claramente quirúrgico, tiene por norma cortar y separar lo que se ha deteriorado; pero la auténtica vida no funciona así. Al aniquilar a los marcianos, lo que constituía un daño para unos podía convertirse en una desgracia para todos.

En las deliberaciones que se llevaron a cabo, se solicitó el consejo de numerosas jerarquías intergalácticas. Ellas podían revisar cuanto había sucedido en el pasado más remoto, y podían ver también qué métodos habían resultado efectivos. Se requería crear de forma sintética una conciencia crística planetaria. Pues no solamente era necesario permitir que, de forma natural, se fuese desarrollando paulatinamente el proceso de creación de esa conciencia crística, sino que había que generarla de forma sintética, con el fin de que todo pudiese ser finalmente salvado.

En cuanto nuestra conciencia adquiere un determinado nivel de realización, todos los problemas se resuelven por sí solos. La conciencia crística es la unidad de concienciación; por tanto, si se logra alcanzarla, todos se salvarán.

Existen cinco niveles de conciencia asociados al planeta Tierra. Estos niveles de conciencia se encuentran relacionados directamente con el número de cromosomas que poseemos en nuestra estructura genética. Cada uno de ellos dicta también su propio nivel. El primer nivel de conciencia tiene cuarenta y dos, más dos, cromosomas, y es armónico con la unidad de conciencia. En este punto, la conciencia colectiva opera de tal forma que si una persona experimenta algo, le es posible a todos los demás seres acceder a esa memoria y revivirla. En eso consisten las ensoñaciones de los aborígenes australianos. El grado de elevación asociado con este nivel de conciencia va del metro diez centímetros al metro sesenta y cinco.

El segundo nivel de conciencia es en el que nos encontramos ahora. Ya no poseemos la unidad de conciencia; estamos escindidos y separados. El segundo nivel de conciencia tiene cuarenta y

cuatro, más dos, cromosomas, y su grado de elevación va del metro sesenta y cinco a los dos metros treinta centímetros.
En el tercer nivel de conciencia, que es la conciencia crística, hay cuarenta y seis, más dos, cromosomas. Su grado de elevación va de los tres metros treinta a los cinco metros veinte, aproximadamente. Aquí regresamos de nuevo a la unidad de memoria, pero su forma en el tercer nivel ha logrado ascender a la manifestación instantánea. Ya no se trata de ensoñaciones, sino de tiempo real. En el momento en que usted recuerda algo, ese algo se hace real. Ya no se trata sólo de su memoria, sino de la memoria de todos los seres de conciencia crística que han vivido. En realidad, en el tercer nivel solamente existe una conciencia que se mueve a través de todas las cosas; es la clave de la memoria. Es lo que podría denominarse inmortalidad. Porque la inmortalidad no es vivir perennemente en un cuerpo, ya que siempre existe un lugar más elevado al cual se puede ir. La clave consiste en no tener ninguna falla en la conciencia; en que a medida que usted va atravesando los diferentes niveles; no tiene la menor pérdida de memoria; es capaz de dejarla cuando lo desea, y continuar a través de ella para saber dónde ha estado anteriormente.
El cuarto nivel de conciencia tiene cuarenta y ocho, más dos, cromosomas y su altitud va de los ocho metros veinte centímetros a los diez metros cincuenta. El quinto nivel tiene cincuenta, más dos, cromosomas y una elevación entre dieciséis metros y medio y casi veinte. El cuarto nivel es inarmónico, como el segundo, pero representa un paso necesario para conseguir el quinto y más alto de los niveles que se pueden alcanzar en este planeta.

Toth

Toth es un personaje histórico concreto, que llevó a cabo su ascensión hace 52.000 años. Durante un período de 16.000 años fue el rey de la Atlántida, con el nombre de Chiquetet Arlich Vomalites. Permaneció en la Tierra ocupando el mismo cuerpo hasta el 4 de mayo de 1991. Pudo habernos abandonado antes –ya que así lo hacen muchos maestros– pero decidió quedarse entre nosotros, en compañía de un pequeño grupo. Sabiendo, sin el menor asomo de duda, que todas las cosas se hallan interrelacionadas, y que hay un

51

espíritu Único que lo gobierna todo, Toth prefirió quedarse aquí como maestro.

Durante un período aproximado de 2.000 años viajó a distintos planetas. En uno de ellos se quedó durante unos cien años, observando y aprendiendo los mecanismos de actuación de sus habitantes; y, posteriormente, regresó aquí. Se prometió permanecer en la Tierra hasta que lográramos alcanzar un cierto nivel de conciencia. Una vez conseguido ese nivel, Toth dejó nuestro planeta el 4 de mayo de 1991, como ya se ha dicho.

Evidentemente, lo que sucedió antes, durante y después de la Guerra del Golfo, significó la culminación de un proceso. Por primera vez en 16.000 años, la luminosidad del planeta es más intensa que su oscuridad. Aunque no lo veamos, el equilibrio del poder ha sufrido un cambio, y las leyes se han trastocado. Ahora, cuando la negatividad se resiste a la luz, que es su verdadera naturaleza, en lugar de sobreponerse a ella, le proporciona más potencia y, de esta forma, nos hacemos más fuertes. ¡Increíble!

La obra más trascendental realizada por Toth fue la creación del alfabeto y, consiguientemente, de la escritura en nuestro planeta. En Egipto se le llamó «el escriba», pues fue él quien transcribió toda la historia antigua. Ésta fue la razón por la que Drunvalo fuera enviado a él. La mayor parte de la información recogida por Drunvalo sobre nosotros y nuestra propia historia procede de Toth. Éste siempre dejó bien claro que sus informaciones no podían ser exactas en un cien por cien, pero que se hallaban muy próximas a lo que en realidad había sucedido.

Drunvalo vio a Toth por primera vez en 1972. Por entonces estaba estudiando alquimia –la ciencia que trata de convertir el mercurio o el plomo en oro–, no con el objeto de hacerse rico, sino para poder estudiar las reacciones químicas. Todas estas reacciones tienen sus propias correspondencias en la vida real, ya sea en un nivel o en otro. Al comprender la química y la forma en la que los átomos se combinan para formar moléculas, y el modo en que esas moléculas se recombinan, uno puede estudiar con mucho detalle todo el complejo sistema operacional. La verdadera alquimia es, ante todo, una forma de comprensión de cómo nuestro nivel de conciencia puede alcanzar la conciencia crística.

Drunvalo estuvo estudiando estos métodos alquímicos con la ayuda de un maestro. Cierto día ambos se encontraban realizando una meditación con los ojos abiertos. Al cabo de una hora, el maestro de Drunvalo desapareció de la habitación. En cuestión de dos o tres minutos se formó, justo enfrente de Drunvalo, un cuerpo humano completamente distinto. La persona aparecida era de corta estatura, pues no mediría más de un metro sesenta y cinco, y aparentaba unos setenta años de edad. Su apariencia era la de un antiguo egipcio, y vestía muy sencillamente. Drunvalo recuerda muy especialmente sus ojos, que semejaban los de un niño pequeño, llenos de suavidad y ternura.

El recién aparecido le dijo a Drunvalo que en el universo faltaban tres átomos y que deseaba que Drunvalo los encontrase. Drunvalo vivió una experiencia, que prefiere no describir, por la cual comprendió lo que se le quería decir. Toth le saludó respetuosamente, le dio las gracias y desapareció. Pocos minutos más tarde regresó el maestro alquimista. Éste no sabía nada de lo sucedido; en realidad, creía haber permanecido en la habitación todo el tiempo.

Drunvalo no supo entonces que la persona que se le había aparecido era Toth, y no volvió a verlo hasta el primero de noviembre de 1984. A partir de ese momento ambos empezaron a comunicarse de forma regular durante varios meses.

De todos modos, y para regresar de nuevo a nuestra historia, diremos que Toth juntamente con Ra y Araaragot, que también fueron antiguos reyes de la Atlántida, consiguieron el formato de la conciencia crística y regresaron a Egipto. El motivo por el que escogieran ese país (que era conocido como Kem) se debió a que un eje de la llama que contenía el óvulo de nuestra conciencia colectiva surgía en aquella zona. Era de esperar, por tanto, que algún día el entramado asociado con aquel punto haría madurar allí una conciencia crística. Excavaron un agujero exactamente debajo del eje, el cual se extendía a través de toda la Tierra, hasta el óvulo de nuestra conciencia. Uno de los extremos de este eje surge en Egipto, y el otro extremo lo hace en la otra punta de la Tierra, en Moorea, una pequeña isla cercana a Tahití. Según dijo Toth existe un vórtex o espiral en ambos extremos del eje, y la sombra que forma en el suelo recuerda la de una espiral logarítmica (figura 6-1). Entonces decidieron construir tres pirámides en esa espiral. El objeto inicial de estas pirámides fue el de activar nuestra conciencia, desde el primer nivel a través del nivel medio (en el que nos encontramos ahora) para acceder al tercer nivel de la conciencia crística.

Era un instrumento destinado a una iniciación planetaria, específicamente diseñado para llevar a una persona de cuarenta y cuatro más dos cromosomas, a la conciencia crística y estabilizarla en ella. Según Toth, las pirámides fueron construidas con la mente y con el corazón, y constituyeron una manifestación de la memoria existente en el nivel de la cuarta dimensión. Su construcción, desde la base hasta la cúspide, se realizó en un plazo de tres días, bien entendido que se trataba de tres días de la cuarta dimensión. El tiempo equivalente en nuestra tercera dimensión era mucho mayor, tal vez unos cuantos años. Unieron la propia conciencia de nuestro modelo evolucionario con la espiral logarítmica. Muy por debajo de las pirámides construyeron una pequeña ciudad santa, que podía albergar unas diez mil personas, y la cual, vale la pena decirlo, todavía se encuentra allí.

Toda forma de vida existente en el planeta posee una red de circuitos interconectados. Incluso si ciertas especies solamente existen en un determinado punto geográfico, su red de circuitos se extiende por todo el planeta. Estas redes abrazan una extensión que va desde unos veinte metros por debajo del nivel del suelo, hasta unos setenta kilómetros aproximadamente, sobre nuestra superficie terrestre. Si se lograra verlas sobreimpresionadas, se percibiría una especie de luz blanco-azulada que surge de la Tierra.

La forma de vida más avanzada, inteligente y antigua de nuestro planeta la constituyen las ballenas. Le siguen los delfines y, después, los humanos. Creemos ser la especie más avanzada, pero tanto las ballenas como los delfines se encuentran muy, pero muy por delante de nosotros. Nos consideramos superiores porque podemos crear objetos y demás cosas físicas. Pero tal capacidad, no es más que el impacto dejado en nosotros por la rebelión luciferina que nos llegó de Marte.

Las formas más evolucionadas de vida no necesitan crear cosas externas. Hacen todo cuanto necesitan a nivel interno.

Las ballenas se encuentran en este planeta, vivas y conscientes, desde hace quinientos millones de años. Albergan en sí la memoria del planeta. Por esta razón la película *Star Trek IV* se ocupó tanto de ellas. Sin las ballenas careceríamos de memoria, estaríamos perdidos.

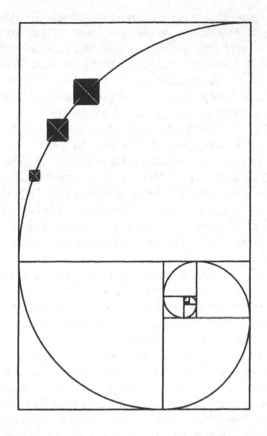

Figura 6-1. Espiral logarítmica de la meseta de Gizeh.

La especie de los delfines tiene una longevidad de aproxima-damente treinta y cinco millones de años. Durante cierto tiempo, incluso salieron de las aguas y caminaron por tierra firme, pero decidieron regresar a su medio original. Los delfines poseen manos dentro de su cuerpo, manos humanas. El paralelismo exis-tente entre estas criaturas y nosotros es sorprendente. Son mamí-feros, no peces, y los dos hemisferios de su cerebro funcionan en un cien por cien. Cuando duermen, desconectan la mitad de su cerebro. En nuestro caso, sólo una parte del cerebro trabaja sistemáticamente; la otra parte se halla bloqueada. Y para eso, sólo empleamos de un cinco a un diez por ciento de la parte en activo.

Así pues, desde el punto de vista de los delfines, no sólo nos encontramos dormidos, sino que somos realmente inconscientes. Cuando, de forma absolutamente insensata, nos dedicamos a masacrar ballenas y delfines, realizamos un mal trabajo. Estas criaturas se encarnan automáticamente en sus cuerpos respectivos, en el sistema estelar de Sirio. Son nuestros colegas y sienten una gran simpatía por nuestra condición humana.

Hay tres redes de circuitos para la conciencia humana alrededor del planeta. La primera es de cuarenta y dos, más dos; aquella en la que nos encontramos ahora, es de cuarenta y cuatro, más dos; y a partir del 4 de febrero de 1989 hay también una tercera, que es la conciencia crística, de cuarenta y seis más dos. Sin esa red de circuitos ningún planeta puede acceder a la conciencia crística.

Así pues, esto es lo que estuvieron preparando Toth, Ra y Araaragot. Empezaron a hacer geomancia sobre la superficie terrestre para crear de forma sintética la red de circuitos que permitiese una conciencia crística; la cual, a su vez, nos facilitaría el vehículo con el cual podríamos acceder a un nivel superior de conciencia.

Este trío de maestros hizo una perforación que se alineaba de forma directa con el eje invisible de nuestro óvulo de conciencia. Después dejaron en el exterior tres pirámides, un importante proyecto geomántico. Posteriormente situaron 83.000 lugares sagrados por todo el planeta. Todos estos sitios fueron totalmente creados en el nivel de la cuarta dimensión, de manera que es imposible que ninguna organización turística actual de la Nueva Era pueda localizarlos, para llevar hasta ellos a los interesados. Después, y durante un período de 13.000 años, requirieron los servicios de los humanos de todas las razas para que construyeran en un determinado lugar la consabida iglesia o catedral, en otro una pirámide, a fin de establecer un módulo operacional en cada uno de esos lugares energéticos. Los científicos pueden comprobar todavía que todos esos sitios sagrados del planeta se encuentran bien sea sobre un plano logarítmico o sobre una espiral Fibonacci, conectados matemáticamente y orientados de acuerdo con aquel primer lugar originario de Egipto. Esa zona egipcia, descubierta muy recientemente, recibe ahora el nombre de cruz solar. La Asociación para la Investigación e Iluminación de Virginia considera que ése es uno de los lugares más importantes de Egipto.[8]

Además de lo que los maestros realizaron en Egipto, también nos transmitieron el segundo nivel de conciencia –aquel en el que ahora nos encontramos– como un paso inarmónico intermedio en el camino del tercer nivel, o conciencia crística. Aceleraron este proceso introduciendo la invención de la escritura, lo que hizo que perdiéramos nuestra capacidad de ensoñación, o unidad de memoria. Antes de esto, la escritura no era necesaria, ya que el recuerdo era total e instantáneo. El segundo nivel de conciencia, el estadio inarmónico en el que ahora nos hallamos, es necesario toda vez que la vida no está diseñada todavía para pasar directamente del primer al tercer nivel. No obstante, este segundo nivel es como un corsé que uno tiene que ponerse y quitarse lo antes posible, debido a que si la civilización permanece con él demasiado tiempo, el planeta correría un grave peligro de destrucción. En todo caso, no podemos abandonar este nivel demasiado pronto.

El complejo arquitectónico de Egipto del que he hablado, fue construido doscientos años antes del diluvio y del cambio sufrido por el eje planetario. En cualquier caso, se trataba del DILUVIO, aquel diluvio al cual Noé sobrevivió en su arca. Inmediatamente antes del cambio de los ejes y del diluvio, Toth voló hacia la Esfinge. Ésta constituye el monumento más antiguo del planeta que, en la actualidad, se encuentra a más de un kilómetro bajo tierra y constituye una gran nave espacial. Toth explicó todo esto, juntamente con mucha de la información que se ofrece en este capítulo, en un antiguo documento titulado *The Emerald Tablet (La Tabla Esmeralda)*.[9]

Según Toth, esa nave se utiliza para protegernos. Asegura que siempre que nos aproximamos a un cambio de polos nos volvemos extremadamente vulnerables, debido a que atravesamos un periodo de tres-días-y-medio, periodo en el que el campo magnético del planeta queda colapsado. En ese momento, la parte oscura hace su aparición y pretende ejercer su dominio. Tal hecho ha sucedido siempre con total precisión a lo largo de los cinco millones y medio de años de nuestra historia. Pero en todas esas ocasiones siempre surgió un ser de gran pureza que encontró la nave espacial y la elevó, llevándola al lugar que había deseado. Tiene que tratarse de una persona que haya alcanzado la conciencia crística, de manera que lo que piense o sienta pueda manifestarse de forma instantánea. Esta acción logra que siempre se pueda evitar el dominio de la parte oscura.

A medida que nos acercamos a un cambio polar, la nave espacial ya se encuentra dispuesta. En 1989, una mujer del Perú alcanzó la conciencia crística, subió a la nave y pensó lo siguiente: «Los Grises están a punto de padecer una enfermedad terminal que sólo se encuentra en la Tierra». Y, sorprendentemente, esto fue lo que de inmediato empezó a suceder. A finales de 1992, los Grises desaparecieron, uno a uno. Su único recurso era salir en estampida de aquí; no podían permanecer en la Tierra por más tiempo.

Volviendo al tema de la astronave, no quisiera que se crease ningún malentendido sobre ella. Esta nave espacial sólo tiene un grosor de tres a cinco átomos, es plana en su base y techo, su longitud de un extremo a otro es similar a la de dos edificios, y tiene forma circular. Está diseñada para entrar y salir de su merkaba. Generalmente se halla en un supertono más alto que cualquiera de los que se puedan encontrar en la Tierra, y por eso es capaz de permanecer a más de un kilómetro bajo la superficie terrestre.

Después de que los marcianos fracasaron con su experimento en la Atlántida, se produjo un periodo de unos 4.000 años, aproximadamente, en el que la vida en la Tierra fue cada vez más caótica. El planeta se acercaba a una época de la precesión de los equinoccios, en que se iba a producir un cambio de polos; esto ocurría hace aproximadamente unos 12.500 años. Entonces Toth puso en movimiento la nave espacial, regresó a la isla de Undal, en la Atlántida, y allí recogió a unos mil seiscientos maestros. Dice Toth que apenas se habían elevado unos trescientos metros del suelo, cuando se hundió Undal. Era la última región de la Atlántida que quedaba por sumergirse. Entonces él y los maestros regresaron a la Gran Pirámide, puesto que el campo magnético de la Tierra había colapsado. Este colapso duró el ya citado periodo de tres-días-y-medio. Con él se llevó nuestra memoria. Nuestra memoria colectiva se halla en una dependencia directa del campo magnético de la tierra; de manera que, si éste colapsa, no tenemos idea de quiénes somos. Es el regreso al estado salvaje. Pero si uno puede dominar el merkaba, le es posible crear su propio campo magnético, partiendo de los campos antirotatorios de luz, y retener de ese modo la memoria.

Los maestros aterrizaron en la cima de la Gran Pirámide, que había sido construida de forma que constituyese una plataforma perfecta para la nave espacial. Allí crearon un merkaba, del que partía un gran campo energético anti-rotatorio, que se extendía a lo largo de más de dos millones de kilómetros por el espacio. Durante el periodo crítico de los tres-días-y-medio, en los cuales se producía el cambio polar, los maestros controlaron el eje, la inclinación y la órbita del planeta. De hecho, cambiaron la órbita terráquea; se estableció una periodicidad de 360 días, que actualmente se ha convertido en 365 días y cuarto.

Los maestros permanecieron en la nave espacial durante el período que duró el colapso del campo magnético, y cuando éste hubo pasado se encontraron con un mundo completamente nuevo. La Atlántida había desaparecido, algunas partes de lo que hoy constituyen los Estados Unidos habían emergido de las aguas, y el planeta poseía un nivel muy diferente y notoriamente más reducido del que había poseído antes. Por este motivo los arqueólogos no logran encontrar evidencias de lo sucedido. Buscan siempre en la vibración equivocada.

Los maestros penetraron en la Gran Pirámide por un tunel circular que les conducía a la ciudad subterránea. Ra se quedó en ella con un tercio de los maestros, entre los que se encontraba Tat, el hijo de Toth. Posteriormente, se formó en esa ciudad subterránea la hermandad de Tat, que fue convirtiéndose en una gran comunidad de seres inmortales que siguen viviendo allí actualmente.

Entonces la nave espacial voló hacia el lago Titicaca, y a la isla del Sol. Allí desembarcó Toth, acompañado por otro tercio de sus compañeros, y fundaron el imperio de los incas. Seguidamente la nave viajó al Himalaya, en donde desembarcó Araamagot. El resto de los maestros regresaron a la esfinge, condujeron la nave a su correspondiente supertono vibratorio, de forma que pudiera atravesar la Tierra, y descendieron a una estancia circular, situada aproximadamente a mil trescientos metros bajo la superficie, en donde la nave ha permanecido hasta 1989

Estos tres lugares –la ciudad subterránea, la isla del Sol, y el Himalaya– fueron escogidos por razones muy específicas, vinculadas a la geomancia planetaria, establecida por los maestros para lograr la red de circuitos energéticos de una conciencia crística sintética de la Tierra. Los egipcios se convirtieron en el punto masculino de esta red, mientras que los mayas-incas constituyeron la parte femenina de esa misma red. Por su parte, los del Himalaya representaron el punto neutral.

Egipto y la escala de la evolución

Egipto se convirtió no sólo en el hogar de la hermandad de Tat, sino también de muchos de los supervivientes de la Atlántida. Habiendo perdido la memoria, por culpa del cambio polar, los atlantes habían retornado al salvajismo, y toda su tecnología se limitaba a unas pocas prácticas de supervivencia, como hacer fuego para calentarse y cosas por el estilo. Tendrían que esperar todavía muchísimo tiempo hasta que pudieran iniciar siquiera un asomo de desarrollo. En realidad, tal estado de cosas se prolongó hasta aproximadamente el 4000 a.c., cuando los Nefilim empezaron a restablecer sus conexiones terrestres, en el lugar en el que habían tenido sus bases originales, al sur de Irak. Lo que hicieron los Nefilim fue restituir simplemente la información que se había perdido.

Existe una clara discrepancia entre lo que sostiene Toth y los escritos de Sitchin, respecto al desarrollo de la civilización egipcia. Sitchin cree que los sumerios fueron los que aportaron su cultura a Egipto, pero Toth no es de esa opinión. Cree que fueron nuestros maestros antepasados, los que formaban la fraternidad de Tat, quienes establecieron y desarrollaron la civilización egipcia. El hecho es que tanto Sumer como Egipto, naciones que desarrollaron sus civilizaciones con una diferencia de trescientos años, vivieron unas sorprendentes analogías. Ambas culturas alcanzaron su punto máximo de desarrollo de forma prácticamente instantánea. Y a partir de ese momento, las dos civilizaciones iniciaron también su imparable declive.

El conseguir semejante grado de desarrollo tecnológico sería algo así como si, de repente, en 1903 apareciese uno de nuestros automóviles actuales, sin que mediase prototipo alguno. Los arqueólogos carecen de toda explicación para ese fenómeno histórico. Sitchin, en su obra *The 12th Planet* llama a Sumer «la civilización repentina».

La hermandad de Tat dirigió muy de cerca el desarrollo del

pueblo egipcio. Cuando los maestros comprendieron que había llegado el momento oportuno, enviaron a sus propios miembros, haciéndose pasar por ciudadanos corrientes, para reinstaurar los conocimientos que había tenido, en su tiempo, la Atlántida. A esto se le denomina la escala de la evolución. No existen modelos de evolución; de golpe, el pueblo quedó en posesión de una serie de técnicas y conocimientos. El sistema empleado fue empezar escogiendo una determinada área de conocimiento, desarrollar de golpe todo lo que ellos sabían al respecto, pasar a otra materia, y así sucesivamente. Tan pronto como se suministraba cierto tipo de información, inmediatamente empezaba a degenerar. La explicación de este fenómeno radica en la precesión de los equinoccios. A medida que nos alejamos del centro de la galaxia, en ese ciclo de 26.000 años del que ya hablamos, vamos cayendo en un estado de sopor. Tras el último cambio de los polos, la Tierra se encontraba en el punto de la precesión equinoccial en el que la conciencia planetaria cae en su etapa de letargo. En tal estado, cualquier información que pueda suministrarse al pueblo, éste empieza casi inmediatamente a deformarla y perderla; tal sucedió en Egipto, cuya civilización se encontraba prácticamente extinguida hacia el 500 a.C.

Akenatón

Los egipcios empezaron también a perder su noción de un Dios o de un espíritu Único, origen y motor de todas las cosas; en su lugar, se entregaron al culto de las más diversas divinidades. Los maestros invisibles decidieron afrontar el problema mediante una intervención directa. Así pues, resolvieron situar sobre la tierra una conciencia crística que pudiera recuperar los archivos Akásicos.

Este ser de conciencia crística se llamó Akenatón (figura 6-2) el cual, además, no pertenecía a la Tierra, sino que procedía del sistema estelar de Sirio. Akenatón desarrolló una religión completamente nueva, una religión solar. Es decir, el Sol era venerado como símbolo único.

Figura 6-2. Akenatón. La coronación de Akenatón, *de la obra* Akhunaton: The Extraterrestrial King, *de Daniel Blair Stewart.*

A Akenatón se le concedieron únicamente diecisiete años y medio, allá por el 1355 a.C., para llevar a cabo su misión. Durante esos años se ganó el odio general. Desvirtuó todas las religiones imperantes, comunicando a su pueblo que los sacerdotes ya no eran necesarios, que Dios se encontraba en el interior de cada ser humano, y que todo lo que tenían que aprender, para que las cosas marcharan bien, era practicar una respiración adecuada. Aunque, por entonces, Egipto poseía el ejército más poderoso del mundo, Akenatón, que era un pacifista, convenció a los militares para que suspendieran todo tipo de campañas. Les ordenó que se limitasen simplemente a defender las fronteras, y que sólo respondieran a los ataques que pudieran perpetrarse desde fuera. Pero al pueblo, que estaba acostumbrado a adorar a sus múltiples divinidades, a pesar de que eran muchas y contradictorias, no le gustaron los cambios impuestos por su faraón. Akenatón insistió en que en el futuro sólo existiría una única religión para todo Egipto, pero nadie quería oír hablar de ello.

Akenatón estableció una escuela para iniciados, en la que

durante doce años se preparaba a los asistentes en el llamado «conocimiento perdido» (describiré esta escuela con más detalle en próximas páginas). Esta escuela formó a casi trescientos seres dotados de conciencia crística. Estos seres inmortales eran mujeres en su práctica totalidad. Hasta el 500 a.c., aproximadamente, estuvieron asociados a la hermandad de Tat, permaneciendo en la ciudad subterránea, bajo la Gran Pirámide. Posteriormente, abandonaron su residencia en aquel lugar y se trasladaron a Masada, donde fueron conocidos como la hermandad de los esenios. María, la madre de Jesús, fue uno de estos seres inmortales.

Los egipcios se desembarazaron de Akenatón tras diecisiete años y medio de reinado. A partir de ese momento, hicieron todo lo posible por borrar su nombre de la historia. Pero, a pesar de ello, Akenatón resultó finalmente vencedor. Porque su tarea consistió en legar el ejemplo de su vida y de su obra a los archivos akásicos, que constituyen la memoria viva de la Tierra. Él necesitaba establecer la hermandad de los esenios, que sería la encargada de dar el paso siguiente en la evolución. Por tanto, hizo exactamente lo que se suponía que debía hacer, en la época que le fue asignada.

Notas

1. Robert Temple, El Misterio de Sirio, Ed. Martínez Roca, 1982.
2. John Anthony West, «Civilization rethought» *Condé Nast Traveler*, febrero de 1993 (Nueva York: Condé Nast Publications, Inc) p. 102.
3. Zecharia Sitchin, *Genesis Revisited* (Nueva York: Avon Books, 1990) p. 15.
4. Zecharia Sitchin, *The 12th Planet* (Nueva York: Avon Books, 1976).
5. Zecharia Sitchin, *Genesis Revisited*.
6. Zecharia Sitchin, *Genesis Revisited*, p. 19.
7. Eberhard Schrader, *Die Kielschriften und des alte Testament*, citado por Zecharia Sitchin, en su obra *The 12th Planet*, p. 209.
8. La Asociación para la Investigación e Iluminación fue fundada para conservar y continuar las investigaciones de Edgar Cayce.
9. Traducción de Doreal de *The Emerald Tablets of Thoth The Atlantean*, en Source Books, P.O. Box 292231, Nashville, TN 37229-2231.

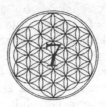

Drunvalo

¿Quién es Drunvalo Melquisedec? Permítaseme que empiece por hablar del tataratatarabuelo de Drunvalo, Machiavinda Melquisedec. Machiavinda fue el personaje destinado por el Centro galáctico para habitar entre nosotros. Él ha estado aquí desde el mismo momento en que fuimos creados.

La Gran Fraternidad Blanca, y lo que podría llamarse la Gran Fraternidad Oscura, son dos cuerpos de conciencia que se oponen el uno al otro en todas las formas imaginables. Machiavinda pertenecía a la Gran Fraternidad Blanca. Esta Fraternidad hace todo cuanto está a su alcance para lograr nuestra evolución, mientras que la Gran Fraternidad Oscura intenta inducirnos al temor, y retrasar nuestra evolución.

Las fuerzas de estas dos fraternidades procuran equilibrarse, la una a la otra, de forma que la evolución tenga lugar en su justo momento, ni demasiado pronto ni demasiado tarde. Visto desde una elevada perspectiva −desde la cuarta dimensión, o desde otra más elevada− este equilibrio no es más que unidad de conciencia. Las dos fraternidades son dos aspectos diferentes del Uno, que trabajan armónicamente. Nosotros, en la dimensión en que nos movemos, nos encontramos sometidos a la conciencia de la polaridad, que lo ve todo en términos de bien y mal. El mal puede realizar cosas perniciosas y aterradoras pero, a nivel de polaridad de conciencia, todo cuanto pueda llegar a realizar no es otra cosa que simples lecciones.

Debido a los asombrosos acontecimientos sucedidos en 1972 (más adelante, dedicaré todo un capítulo a tales hechos), la Gran Fraternidad Oscura que, además, sabía lo que iba a acontecer, alistó a cuatro miembros adicionales procedentes de la constelación de Orión, mientras que la Gran Fraternidad Blanca envió, a su vez, otros cuatro miembros, para contrarrestar la acción de sus adversarios. Drunvalo fue uno de ellos. Se le escogió debido a su larga experiencia en la Orden de Melquisedec, en el ámbito de la decimotercera dimensión. Había pertenecido a ella casi desde el principio, es decir, desde el equivalente a mil millones de años terrestres. Apenas si sabía lo que era la conciencia de la polaridad y, precisamente por ello, por su gran inocencia, se le envió a nuestro mundo.

Drunvalo era lo que se puede entender como un «figurante». Otra persona ocupaba su cuerpo hasta que él mismo se encontrase preparado para utilizarlo. A esa otra persona se le proporcionó un cierto entrenamiento y preparación que, posteriormente, fueron utilizados por Drunvalo. Todo esto se realizó de común acuerdo. Según las leyes universales del más alto nivel, es ilegal apoderarse de un cuerpo de forma irregular. Así pues, a la persona que prestó su cuerpo para que fuera ocupado posteriormente por Drunvalo se le concedió algo muy especial. Drunvalo no dijo de qué se trataba específicamente.

Drunvalo puede recordar prácticamente cada minuto de su recorrido a través de todas las dimensiones por las que tuvo que pasar, desde la decimotercera en que se encontraba, hasta llegar a la tercera en que nos hallamos nosotros. No obstante, y de forma premeditada, quiso correr un velo sobre la memoria de su decimotercera dimensión. Según él, resultaría sumamente penoso acordarse, en nuestra dimensión, de lo que había vivido en aquella de la que procedía. No hay manera de que uno pueda existir en este mundo tridimensional, acordándose plenamente de lo que es aquella decimotercera dimensión. Recuerda, no obstante, que encontrándose en aquella dimensión su padre le pidió que viniera a nuestro mundo, y también recuerda el módulo en el que se le lanzó al Gran Vacío, es decir, a la dimensión, o espacio sideral, que debía atravesar para llegar hasta nosotros.

Durante mucho tiempo tuvo que dirigir su módulo, a través del Gran Vacío. No puede calcular cuánto duraría esa travesía medida en nuestro tiempo, pero constituyó un lapso sumamente largo, tal vez millones de años. Siguió moviéndose a través de ese vacío, hasta que de nuevo apareció la luz, y pudo llegar al fin en el momento y al lugar exactos en que había de encontrarse con Machiavinda. De aquí, y atravesando el centro de una nebulosa, llegó a la estrella central de la constelación de Orión. Esta estrella es una de las primeras, llamadas estrellas-puerta, que permiten el acceso a otros niveles dimensionales. Por ejemplo, en nuestra galaxia existen trece diferentes estrellas-puerta; pero la que se encuentra en el centro del cinturón de Orión es de un tipo muy especial. En esta clase de estrellas-puerta actúan conjuntamente una luz inmensa con una inmensa oscuridad. Muchos de los Grises proceden, precisamente, de esta parte de la galaxia.

Tras cruzar el cinturón de Orión, Drunvalo se dirigió a las Pléyades. Su meta era un planeta concreto de la cuarta dimensión, envuelto en una atmósfera verde. En ese planeta él carecía de forma, pero podía mantenerse totalmente consciente; o, para decirlo con otras palabras, su forma era una especie de bola de luz. Se introdujo en el cuerpo de un bebé y se mantuvo en él durante quince años terrenales. Pronto quedó informado de que las Pléyades tenían una universidad galáctica. Sus habitantes moraban en los supertonos más elevados de la cuarta dimensión, y todo su aprendizaje se realizaba de forma placentera y alegre, puesto que todas las materias se enseñaban utilizando juegos.

Una vez que Drunvalo aprendió todo lo que necesitaba saber en las Pléyades, voló al tercer planeta de Sirio B. Este mundo es casi todo él océano. Los habitantes de Sirio pertenecen también a la cuarta dimensión, pero en un supertono inferior al existente en las Pléyades. No experimentan el placer ni la alegría en el mismo grado que los pleyadianos. En este planeta acuático Drunvalo carecía de cuerpo, siendo pura conciencia. Su existencia se resolvió al unirse a un gran ser, a una ballena orca hembra. Nadó con esta ballena durante casi un año, y mientras vivió con ella, la ballena le contó la historia de la Tierra, ya que ella poseía dentro de sí todo el registro memorístico del planeta.

Este feliz interludio concluyó cuando se presentaron tres humanoides pleyadianos, de cuatro a seis metros de altura, y le hicieron saber que su tiempo allí había concluido. Le llevaron a la parte sólida del planeta y le proporcionaron un cuerpo, perfectamente acabado, de varón adulto de Sirio (Drunvalo destaca que los seres, en la mayoría de los lugares de la galaxia, no dejan que sus cuerpos físicos se deterioren, como nos sucede a nosotros). En ese cuerpo se había instalado previamente una memoria celular, que le permitiría conocer el manejo de la aeronave que se le había destinado para su nueva expedición.

Drunvalo, con una tripulación de 350 miembros, se introdujo en esta aeronave de Sirio que disponía de un modelo de vuelo espacial con destino a la Tierra. El itinerario espacial estaba concebido para que se volase desde Sirio B directamente hacia Sirio A. Al sintonizar el cuerpo de forma sucesiva con las vibraciones solares, el calor solar deja de ser «calor», y las radiaciones no producen la menor molestia. En noventa segundos se encontraron fuera del ámbito de nuestro Sol, gracias a la íntima conexión que tenemos con Sirio. Utilizando este sistema de vuelo, Drunvalo y su tripulación alcanzaron el campo gravitacional de Venus, planeta en el que vive la raza de los Hathor, la más avanzada de nuestro sistema solar.

Tras algunas aventuras vividas en la realidad dimensional de Venus (los viajeros se encontraron con lluvias torrenciales de ácido sulfúrico) llegaron a la Tierra, entrando en un supertono más elevado que nuestro nivel dimensional, lo que les permitió hacerse invisibles para nosotros. Drunvalo abandonó entonces su cuerpo sírico, convirtiéndose en una bola de energía luminosa. Esta transformación la sintió como un cambio en su conciencia; dicho de otro modo, fue algo fácil si se compara con el cambio que habría de dar posteriormente para entrar en la tosquedad de la conciencia de la polaridad. Así pues, se introdujo en el cuarto nivel dimensional de la Tierra, y desde allí fue investigando las posibilidades de vida existentes en los distintos niveles. No encontró nada en el cuarto nivel. El quinto era incluso un estado de vacío más absoluto que el anterior. Finalmente, encontró a los maestros en el décimo, undécimo y duodécimo supertonos de la sexta dimensión. Allí se unió a ellos y estuvo recibiendo sus enseñanzas desde el año 1819 al año 1850.

En 1850 nació como mujer en la tribu Taos de Nuevo México. Siguió viviendo en ese cuerpo de mujer durante cuarenta años, y en 1890 lo abandonó de forma voluntaria y consciente, por el método de suspender la respiración. Regresó al nivel de la sexta dimensión, en la que permaneció hasta 1972

En el mes de abril de 1972, Drunvalo tomó su cuerpo actual. El proceso se llevó a cabo por medio del proceso respiratorio. El espíritu parte con la expiración y Drunvalo inspira. Eso es todo; un proceso que se realiza de una forma limpia y legal. Los dos espíritus han estado comunicándose durante un lapso de siete a nueve años antes de que se produzca este cambio; lo han solicitado y han obtenido permiso para llevarlo a cabo en todos los niveles.

Drunvalo no cuenta todas estas experiencias para demostrar con ellas que es un ser especial. Al contrario, pretende que todo eso le sirva a usted como recordatorio de lo verdaderamente especial que es usted. Considere, por ejemplo, la posibilidad de que *también usted* es un maestro de alto nivel, que se encuentra aquí para llevar a cabo una tarea concreta. Piense también que, a fin de poder llevar a cabo adecuadamente su trabajo, es necesario que se comporte de la forma más humana posible; es decir, que si bien tiene necesidad de dormir y de olvidar, también, y al mismo tiempo, se le estará recordando su auténtica naturaleza. De este modo, usted ya ha realizado la primera parte del proyecto, de modo perfecto. Ahora le llega el turno de emprender la segunda parte.

Drunvalo *puede recordar*, y ésta es la diferencia. Se encuentra aquí como un catalizador para proporcionarnos cuanto nos sea necesario para la llamada de nuestro verdadero despertar.

Introducción a la geometría sagrada

omo dije anteriormente, Toth se le reapareció a Drunvalo el primero de noviembre de 1984. En esa época empezaron a comunicarse de forma regular durante unos cuantos meses. El propósito de Toth era lograr que Drunvalo comprendiese el significado de la geometría sagrada. Drunvalo le informó de lo que sabía sobre el tema. Tras examinar sus conocimientos, Toth le dijo que había mucho más. Así pues, durante dos o tres meses Toth se le aparecería todos los días, para enseñarle nuevos temas de geometría sagrada.

La geometría sagrada es la estructura morfogénica que se halla tras la propia realidad, y constituye el soporte de las matemáticas. La mayoría de los físicos y matemáticos creen que los números constituyen el primer lenguaje de la realidad, pero, de hecho, son la forma que genera todas las leyes de la física.

Toth presentó la geometría sagrada como el emblema de la realidad de todo el cosmos. Unas veces se lo denomina «el lenguaje de la luz», y otras «lenguaje del silencio». De hecho, la geometría sagrada *es* un lenguaje; el lenguaje de todo cuanto ha sido creado. De todas las formas geométricas que Toth mostró a Drunvalo, la flor de la vida fue la penúltima (figura 8-1). Le dijo que todo cuanto ha sido creado, o existe actualmente, se encuentra comprendido en ese modelo. Nada existe en el universo, y nada podrá existir, que no se halle manifestado en esta figura. En ella se encuentran todas las lenguas, todas las leyes físicas, todas las formas biológicas de vida, e incluso cada uno de nosotros como elementos individuales.

Figura 8-1. La flor de la vida.

Toth le dijo a Drunvalo que encontraría esta figura en Egipto. Drunvalo se sorprendió al oírlo, porque jamás la había visto en ninguno de los estudios que había hecho sobre temas egipcios. Sin embargo, un amigo que acababa de regresar de un viaje por

Egipto, le mostró una fotografía en la que aparecía la flor de la vida pintada en la pared de un monumento de, al menos, seis mil años de antigüedad, localizado en uno de los templos más antiguos de aquel país.

La figura se llama «la flor de la vida», porque es la réplica simbólica de un árbol. Piénsese en un árbol frutal: primero va creciendo, dando flores y, posteriormente, frutos. Caen los frutos al suelo, y su interior contiene miles de semillas, cada una de las cuales guarda en sí la imagen potencial del árbol. De igual modo, dentro de la geometría de la flor de la vida se encuentra incluida toda la Creación.

El aspecto seminal se encuentra delineado en el primer círculo, y en los seis restantes que lo rodean (figura 8-2). La figura siguiente es el árbol de la vida (figura 8-3). Esta figura se encuentra contenida en la semilla. Cuando se superponen las dos figuras (figura 8-4), la semilla de la vida y el árbol de la vida, se podrá observar la conjunción de las diferentes líneas, y cómo la figura del árbol encaja perfectamente dentro de ellas.

Otra figura central de la geometría sagrada es la *vesica pisces* (figura 8-5). La *vesica pisces* consiste simplemente en una serie de círculos yuxtapuestos los unos a los otros, de manera que el borde de uno interseccione el centro del contiguo. El área común que se forma con estas intersecciones es la *vesica pisces*. Al mismo tiempo, dos triángulos equiláteros y dos cuadrados encajan dentro de la figura, formando un rectángulo que los engloba (figura 8-6).

La flor de la vida y la semilla de la vida constituyen la *vesica pisces*. Al mismo tiempo, si observamos la figura 8-4 veremos que cada línea del árbol de la vida tiene la longitud y la anchura de la *vesica pisces*. La naturaleza de la geometría sagrada no admite accidentes ni fallas. Se prolonga de forma impecable hasta que todo el universo queda creado. Cada parte se interrelaciona con todas las demás. Se puede empezar en cualquier punto, y a partir de él se crea todo el lenguaje de la creación.

De todo cuanto Toth le enseñó a Drunvalo, el conocimiento de la geometría sagrada era lo más importante, a su juicio. A nosotros puede resultarnos difícil concebir la geometría como base de la Creación, pero las cosas son así de sencillas. No existe nada, en ningún nivel de la existencia, que no se encuentre apoyado por la geometría. El comprender cómo funciona la geometría actual es

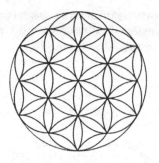

Figura 8-2. La semilla de la vida.

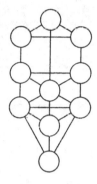

Figura 8-3. El árbol de la vida.

Figura 8-4. La semilla de la vida y el árbol de la vida superpuestos.

el primer paso, y el más determinante, para convencer a nuestra mente racional de la realidad de ese Espíritu Único que mueve y actúa sobre todas las cosas.

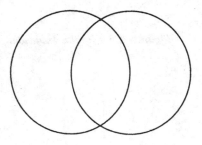

Figura 8-5. La vesica pisces.

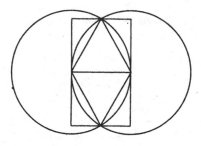

Figura 8-6. Los dos triángulos equiláteros, insertos en los dos cuadrados, forman un rectángulo, que encaja en la vesica pisces.

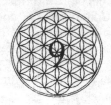

El ojo derecho de Horus

Siempre me importó mucho la trascendencia que tiene la integración, para llegar a la unidad de conciencia. De hecho, durante muchos años he estado enseñando eso. Es el objetivo del rebirthing.

Me importó mucho, también, la filosofía de la inmortalidad, y de la ascensión. Durante mucho tiempo he estado trabajando en esos temas.

Igualmente, me importó mucho la existencia de las fuerzas de la luz y de las fuerzas de la oscuridad. Pero sentía que todavía me faltaba algo.

Incluso después de haber descubierto a Drunvalo, gracias a los vídeos, y a pesar de que él había contestado muchas de mis preguntas, todavía seguía faltándome algo.

Durante mucho tiempo no había prestado atención a la geometría sagrada presentada por Drunvalo. Incluso me molestaba fingir el menor interés por ella. Me llevó mucho tiempo y mucha paciencia el ponerme a trabajar en ese campo. Algunas veces necesitaba horas para comprender el significado completo de un dibujo, puesto que sólo disponía de vídeos para poder aprender. Pero, sin embargo, estoy convencido de que ha resultado muy válido todo el tiempo que le dediqué.

Ahora creo que se trata de la información más importante que haya recibido nunca. Conjuntamente con mis conocimientos y con mi formación anterior, el estudio de la geometría sagrada me ha permitido equilibrar íntegramente el desarrollo de mis cerebros izquierdo y derecho.

A pesar de haber estado vinculado, durante muchos años, a un trabajo de intuición e integración espiritual, dentro de mí existía un conflicto. La parte femenina de mi cerebro derecho intuía la unidad de la conciencia y el espíritu Único, pero no podía demostrar su existencia. La parte masculina de mi cerebro izquierdo no servía de la menor ayuda. No creía en ello, y veía la dualidad por todas partes. De manera que me encontraba en una especie de limbo. A pesar de volverme más consciente a medida que pasaban los años, no era capaz de resolver mi problema, y hasta parecía que cada vez se hacía mayor. Ésta es la verdadera naturaleza de la sanación, es decir, no permitir que tu atención se vea acaparada por nada que sea menos puro que tus intenciones más elevadas; y en la medida en que te sientes consciente de tal estado, te será posible trabajar. Yo lo sabía, pero el hecho de saberlo no me ayudaba.

Sin saberlo, la información que me estaba faltando era la contenida en el Ojo Derecho de Horus y la geometría sagrada.

Dice Drunvalo que el propósito de estos conocimientos es la integración de los dos hemisferios cerebrales. Se trata de convencer a nuestro cerebro izquierdo, o parte masculina, de que existe un espíritu Único, y de que es solamente Él quien mueve y dirige todas las cosas. Una vez que esa parte izquierda de nuestro cerebro se haya convencido, empieza a producirse la integración, y se inicia un proceso en el que vamos de la polaridad á la unidad de conciencia.

Pero, ¿cuál es la importancia de todo esto? Bien, para empezar, hay que decir que no podemos saltar a la cuarta dimensión mientras no se consiga esta integración. En la cuarta dimensión, la manifestación se produce de forma instantánea. La realidad es aquello que se piensa que es, y que se manifiesta instantáneamente delante de usted. Esto demuestra la importancia de la unidad de conciencia y de la pureza de pensamiento.

Pero todo ello es también importante aquí, en nuestra dimensión actual. La realidad de usted *aquí* es lo que usted dice que es y lo que aparece ante sus ojos; aunque exista, en esta tercera dimensión, un cierto lapso de tiempo entre pensamiento y manifestación. No podremos conocer la cuarta dimensión, hasta que llegue el momento en que aquélla pueda hacerse realidad en nuestra vida cotidiana. Porque nuestra realidad actual se halla aquí y ahora. Y a fin de poder crearla con lo mejor que tenemos, nos resultará muy útil saber lo más posible sobre la integración y la unidad de conciencia; de modo que podamos aportar a nuestra existencia de aquí abajo, la luz y la sabiduría de los niveles superiores.

Con esa disposición de ánimo, le invito a usted a que ponga todo su interés en cuanto se va a exponer en las páginas siguientes. Si le parece bien, coja un compás y una regla, y haga sus propios diseños. Y páselo bien.

La ley del Uno

Durante el reinado de Akenatón, este faraón reunió en su corte a unos pocos miles de personas, cuya edad no bajaba de cuarenta y cinco años. Todos habían tenido que pasar por una etapa de preparación de doce años, conocida como el Ojo Izquierdo de Horus, consistente en el entrenamiento adecuado del cerebro derecho. Tras esta preparación, Akenatón instruía a sus seguidores durante otros doce años en su Escuela de los misterios, la Ley del Uno, y les proporcionaba el conocimiento que todavía les faltaba: el Ojo Izquierdo de Horus. Todas estas técnicas y conocimientos le fueron transmitidos posteriormente a Drunvalo por Toth.

El mapa actual sólo se puede encontrar en un lugar, bajo la Gran Pirámide, en un largo vestíbulo que conduce a las Estancias de los Recuerdos. Todas las figuras cromosomáticas de la geometría sagrada se encuentran en la parte superior de la pared que corresponde a la mano izquierda. Esta información sólo se transmitía de forma oral.

El símbolo de la Escuela de Akenatón era el Ojo Derecho de Horus, que estaba controlado por el cerebro izquierdo. Es un tipo de conocimiento masculino. Corresponde a la parte lógica de la creación de todas las cosas por el espíritu, y por nadie más que él; ya que el espíritu no necesita nada para crear el universo.

Veamos seguidamente los tres primeros versículos del primer capítulo del Génesis:

En el principio Dios creó el cielo y la tierra.
Y la tierra carecía de forma, y estaba vacía;
y las tinieblas cubrían las profundidades.
Y el Espíritu de Dios se movía sobre la superficie de las aguas.
Y dijo Dios: Hágase la luz;
y la luz se hizo.

Hay una cosa que la Biblia no tuvo en cuenta, y que, sin embargo, quedó claramente especificada por la escuela de Akenatón. Pues si el espíritu se mueve en el vacío, tendrá que moverse en relación a algo. El Gran Vacío es la nada total. Si todo lo que existe es espíritu, y éste se mueve pero careciendo de un punto de referencia, ¿cómo se puede saber que está en movimiento? La escuela de Akenatón analizó el problema de la siguiente manera: El espíritu se proyecta a sí mismo tan lejos como le sea posible en las seis direcciones –arriba y abajo, adelante y atrás, izquierda y derecha–, (figura 9-1). Tal movimiento se basa en tres ejes marcados con x, y y z. La longitud de la proyección carece de importancia, pues incluso si fuera de una sola pulgada sería suficiente.

Por tanto, el espíritu se proyecta a sí mismo en seis direcciones. El siguiente paso es unir las líneas para que primero formen un cuadrado (figura 9-2), después una pirámide (figura 9-3) y, finalmente, prolongando hacia abajo las líneas de la pirámide, se forme un octaedro (figura 9-4). Ahora el espíritu posee la realidad de un octaedro. Incluso aunque se tratase de una figura mental, ya le es posible el movimiento puesto que han sido establecidos los perímetros.

Entonces el espíritu empieza a hacer girar sus tres ejes, y traza la figura de una esfera (figura 9-5). En la geometría sagrada, una línea recta se considera macho, mientras que cualquier curva es hembra. Así pues, al girar el octaedro sobre su eje, el espíritu pasa de lo masculino a lo femenino, por ejemplo, la esfera. La Biblia dice que primero se hizo el varón y después la hembra. Esto corresponde a un movimiento que va de líneas rectas a líneas curvas. La razón por la que el espíritu procedió de las rectas a las curvas es que la progresión geométrica necesaria para la creación es mucho más fácil desde la línea curva femenina.

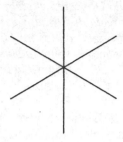

Figura 9-1. Proyección del espíritu en las seis direcciones.

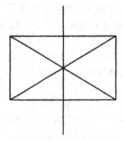

Figura 9-2. Cuadrado.

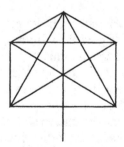

Figura 9-3. Pirámide.

Así pues, ahora el espíritu de Dios se encuentra a sí mismo en el interior de una esfera. Dice el Génesis: «El espíritu de Dios se movió sobre la superficie de las aguas». Pero ¿hacia dónde? En todo el universo no existía más que un lugar, y ese lugar era la superficie. Por eso en la escuela de Akenatón se enseñaba a los discípulos que el espíritu se movía sobre la superficie. Hacia un punto de la superficie, no importa hacia cuál. El movimiento necesario para salir del Gran Vacío es moverse hacia la superficie (figura 9-6). Tras ese primer movimiento todos los demás son automáticos. Cada movimiento posterior le muestra a usted dónde se ha de hacer exactamente el inmediato, hasta que todo el universo quede creado.

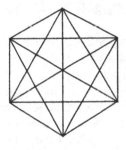

Figura 9-4. Octaedro.

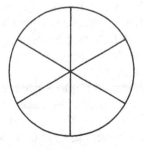

Figura 9-5. Figura de la esfera.

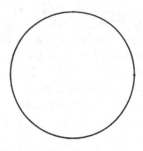

Figura 9-6. El primer movimiento que surge del Gran Vacío. es un movimiento hacia la superficie.

El tercer verso del Génesis dice: «Y dijo Dios: Hágase la luz, y la luz se hizo».

Tras el movimiento por la superficie sólo queda por hacer una cosa, y es construir otra esfera (figura 9-7). Lo que se obtiene entonces es una *vesica piscis*, o dos esferas interrelacionadas, que *es* la estructura metafísica que se halla detrás de la luz. Y ése fue el primer día del Génesis. La unión de las dos esferas es un círculo u óvalo. Al mover este nuevo círculo y formar otra nueva esfera se obtiene la siguiente figura, que constituye el segundo día del Génesis (figura 9-8). Ahora se empieza a producir un movimiento rotatorio en la superficie de la esfera, que termina completándose a sí mismo. Esto es todo automático (véanse figuras 9-9, 9-10 y 9-11).

Cuando usted llega al sexto día del Génesis, tiene un conjunto armónico de seis círculos que encajan perfectamente (fig. 9-12). Al séptimo día el espíritu descansa porque ahora, tanto el Génesis como todas las leyes del universo, están completas. A medida que la figura continúa rotando sobre un vórtice, surgirán del modelo tres objetos tridimensionales.

Es importante entender aquí que la geometría sagrada no es un simple trazado de líneas sobre un papel, sino los movimientos sagrados del espíritu en el Vacío. Es el mapa de los movimientos necesarios para hacer surgir el Gran Vacío tridimensional de manera que, en nuestro caso, lo concluyamos sobre el planeta Tierra. Dependiendo del supertono dimensional en el que usted se encuentre, existen 144 distintas formas de vacuidad.

82

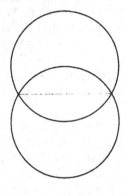

Figura 9-7. El primer día del Génesis.

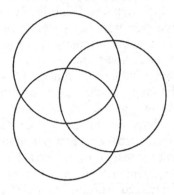

Figura 9-8. El segundo día del Génesis.

Figura 9-9. El tercer día del Génesis.

Figura 9-10. El cuarto día del Génesis.

La primera figura que surge de este modelo es un receptáculo tubular (figura 9-12). Surge de la primera rotación de los seis primeros días del Génesis. Se crea esta figura al girar el modelo (cuando usted lo hace girar, se obtiene un receptáculo tubular con un agujero infinitamente pequeño en el centro). Recuerde que se trata de una forma tridimensional, y no bidimensional. El receptáculo tubular (figura 9-13) es la forma primigenia del universo. Es única, en cuanto puede moverse por sí misma; no existe otra forma que consiga hacer esto.

Stan Tenen,[1] tras más de veinte años de investigaciones al respecto, logró atravesar por su mitad la espiral del receptáculo tubular, y consiguió una figura. Reduciendo al máximo ese receptáculo tubular, a fin de poder diseñarlo adecuadamente, lo introdujo en un tetraedro tridimensional (figura 9-14). Descubrió entonces que al iluminarlo, de forma que la sombra de la figura se proyectase en una superficie de dos dimensiones, podía obtener todas las letras del alfabeto hebreo, tal como se suelen escribir y en perfecto orden. Descubrió también que cambiando de posición la figura, podía proyectar todo el alfabeto griego. Y modificando de nuevo esa posición conseguía la reproducción del alfabeto árabe. Y todo esto lo obtuvo colocando simplemente esa figura en distintas posiciones, dentro del tetraedro tridimensional. En realidad, existen veintisiete posiciones simétricas primarias dentro del tetraedro.

Así pues, la primera cosa que surge del Génesis es la conexión existente de la forma metafísica con el lenguaje. Y todo ello se produjo durante los siete primeros días de la Creación.

Por tanto, hemos iniciado un modelo de vórtex energético rotatorio. Cada vez que se completa un nuevo modelo rotatorio, se produce una nueva forma y esa forma nueva es la base de la creación. La rotación se inicia siempre en los lugares más recónditos (figura 9-15). La rotación siguiente se muestra en la figura 9-16. Al borrar algunas de las líneas de la figura 9-16 se llegará a la figura 9-17, también llamada «huevo de la vida». Éste es una representación bidimensional de una figura tridimensional. En realidad, el huevo de la vida son ocho esferas, de las cuales la octava se encuentra exactamente detrás de la esfera del medio. El huevo de la vida constituye el modelo a través del cual se conectan tanto los armónicos musicales como el espectro electromagnético; y, al mismo tiempo, es también el modelo que subyace en toda forma biológica de vida. Es, en realidad, el modelo de toda estructura, sin ninguna excepción.

La rotación siguiente proporciona el contorno –es decir, el número correcto de círculos– de la «flor de la vida» (figura 9-18). Esta flor contiene siete círculos, tal y como muestra la figura 9-19. La figura 9-20 muestra la representación usual de la flor de la vida. Se ha reproducido tradicionalmente de esta manera, debido a que las sociedades secretas que la utilizaron, quisieron ocultar la siguiente figura, «el fruto de la vida». Si usted mira la figura 9-20, se dará cuenta de que existen líneas y círculos que parece como si concluyesen, pero si completa esos círculos y hace continuar su rotación, conseguirá el «fruto de la vida» (figura 9-21).

Figura 9-11. El quinto día del Génesis.

Figura 9-12. El sexto día del Génesis.
El séptimo día fue de descanso.

Figura 9-13. Receptáculo tubular.

©1986 Stan Tenen

Figura 9-14. Espiral del receptáculo tubular dentro del tetraedro.

Figura 9-15. Los lugares más recónditos.

Figura 9-16. El giro siguiente.

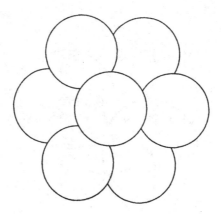

Figura 9-17. El huevo de la vida.

Figura 9-18. La flor de la vida.

Figura 9-19. Los siete círculos en la flor de la vida.

Figura 9-20. La flor de la vida, tal como se representa usualmente.

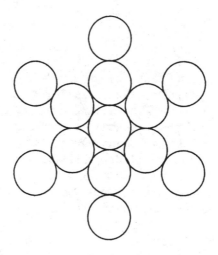

Figura 9-21. El fruto de la vida.

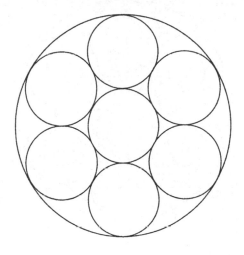

Figura 9-22. La flor de la vida, mostrando los siete círculos
que encajan perfectamente dentro de otro mayor.

Hay otra forma de obtener el fruto de la vida. Observando de nuevo la flor de la vida, usted podrá distinguir siete círculos que encajan perfectamente dentro de otro mayor. Éste es un método alternativo de representar la flor de la vida (figura 9-22).

Si toma la mitad del radio del círculo central y traza un nuevo círculo, y hace girar posteriormente los nuevos círculos formados sobre sus tres ejes, obtendrá de inmediato el fruto de la vida (figura 9-23). Esto significa que el fruto de la vida queda contenido, de forma proporcionada, dentro de la flor de la vida.

Si repite el proceso una vez más (figura 9-24) habrá trazado trece círculos que se unirán a otros trece, etc., o, lo que es igual, el fruto de la vida se unirá a otro fruto de la vida. Puede repetir esta operación indefinidamente, porque no existe principio ni fin. Al igual que una espiral logarítmica (de la que pronto hablaremos), todo esto constituye el modelo geométrico primario del universo.

91

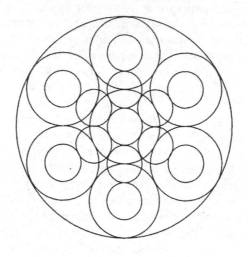

Figura 9-23. El futo de la vida.

*Figura 9-24. Trece círculos unidos a otros trece, etc.
O el fruto de la vida unido a otro fruto de la vida, etc.*

92

El fruto de la vida es una figura muy especial, muy sagrada. Expresa claramente los motivos de la creación. De esta figura parten trece sistemas de información; aquí vamos a tratar de cuatro de ellos. Los trece sistemas completos describen pormenorizadamente cada aspecto de nuestra realidad, todo cuanto podemos pensar, ver, sentir, paladear, oler, etc., hasta llegar a la estructura atómica actual.

Estos trece sistemas de información pueden conseguirse combinando la energía geométrica femenina con la masculina. Cuando lo masculino y lo femenino se combinan, se manifiesta algo nuevo. Exceptuando la primera de las formas que acabo de describir, todas las demás han sido líneas curvas de energía femenina; de manera que uno de los modos más simples y evidentes de añadir energía masculina, mediante líneas rectas, es unir todos los centros de las esferas del fruto de la vida. Al hacerlo usted habrá trazado la figura conocida como el cubo de Metatron (figura 9-25).

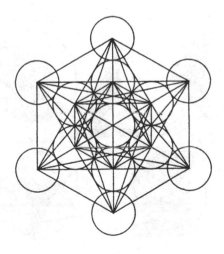

Figura 9-25. El cubo de Metatron.

El cubo de Metatron contiene la réplica tridimensional de cuatro de los cinco sólidos platónicos (figura 9-26). Son éstos: el cubo o exaedro, que tiene seis caras cuadradas, ocho esquinas y doce ángulos; el tetraedro, que tiene cuatro lados triangulares, cuatro esquinas y seis ángulos; el octaedro, que tiene seis caras triangulares, seis esquinas y doce ángulos; el dodecaedro, doce caras pentagonales, veinte esquinas y treinta ángulos; y el icosaedro, veinte caras triangulares, doce esquinas y treinta ángulos. El criterio que rige los sólidos platónicos es que todos sus ángulos sean iguales, que haya una sola superficie y un solo ángulo, y que todos los puntos encajen en la superficie de una esfera. Solamente existen cinco formas geométricas que tengan tales características. Los sólidos platónicos reciben su nombre de Platón, aunque ya Pitágoras los había utilizado doscientos años antes, dándoles el nombre de «sólidos perfectos».

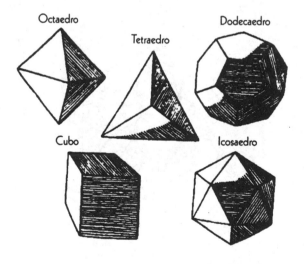

Figura 9-26. Los cinco sólidos platónicos.

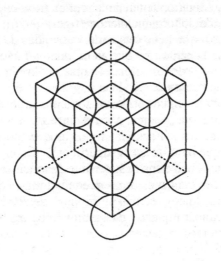

Figura 9-27. Cubo extraído del cubo de Metatron.

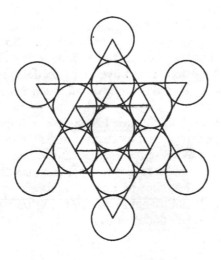

Figura 9-28. Estrella tetraédrica extraída
del cubo de Metatron.

Estas cinco figuras tienen una importancia enorme. Son los componentes de los campos energéticos que rodean nuestros cuerpos. Es un hecho poco conocido que cuatro de los cinco sólidos platónicos tienen su origen en el cubo de Metatron. Parece como si la mayoría de los autores de libros sobre geometría sagrada no se dieran cuenta de este hecho.

Para obtener los cinco sólidos platónicos partiendo del cubo de Metatron, habrá que eliminar ciertas líneas. Al quitarlas de una determinada manera, la primera figura que usted podrá obtener será el cubo que aparece en la figura 9-27. Es el cubo visto de canto, una figura bidimensional de un objeto tridimensional, que contiene un cubo dentro de otro, en una determinada proporción. Si borra otras líneas, siempre de una determinada manera, obtendrá el tetraedro que se muestra en la figura 9-28. En realidad, son dos tetraedros pegados, o estrella tetraédrica.

La figura 9-29 muestra el octaedro, que son dos pirámides unidas; la figura 9-30 muestra el icosaedro.

En las antiguas Escuelas de Egipto y de la Atlántida a estas cinco formas, más la esfera, se les daba otro carácter especial. Dichas escuelas creían que los cinco elementos primordiales: fuego, tierra, aire, agua y éter, tenían formas proteicas: Las formas de los elementos correspondían a los sólidos de Platón, de la siguiente manera: el tetraedro es el fuego, el cubo es la tierra, el octaedro es el aire, el icosaedro es el agua y el dodecaedro es el éter o prana. La esfera constituye el vacío del que nacen todas ellas. De manera que todas las cosas se crean partiendo de estas seis formas.

Los átomos, las partículas de las que está compuesta la materia, son simples esferas con electrones que se mueven alrededor de un núcleo, a unas nueve décimas de la velocidad de la luz. Esta rotación forma una nube de electrones que recuerda a una esfera. En los cristales, los átomos de diferente tamaño (esferas) se alinean en un ángulo, un triángulo, un tetraedro, un cubo, un octaedro, un icosaedro o un dodecaedro.

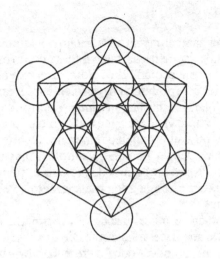

Figura 9-29. El octaedro extraído del cubo de Metatron.

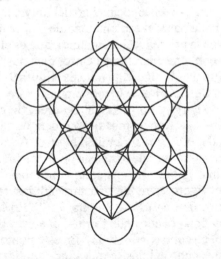

Figura 9-30. El icosaedro extraído del cubo de Metatron.

97

Los humanos

Aunque pueda parecemos raro, de hecho no somos otra cosa que formas y figuras geométricas, tanto interna como externamente. Antes de la concepción, el óvulo es una esfera. Es la célula más grande del cuerpo humano, doscientas veces mayor que el promedio celular. De hecho, su tamaño permite que pueda ser distinguida a simple vista. Así pues, el óvulo es una esfera dentro de la cual hay otra, el pronúcleo femenino. Contiene la mitad de los cromosomas del ser humano, veintidós, más uno. La membrana (zona transparente) que rodea el óvulo, tiene una capa interna y otra externa. En la zona transparente se encuentran dos cuerpos polares.

La concepción se inicia cuando el espermatozoide alcanza el óvulo. Para ello son necesarios cientos de espermatozoides. De todos esos centenares, once, doce o trece conforman una unidad. Aunque dicha unidad trabaja de forma completamente integrada, habrá de ser un solo espermatozoide el que entre en el óvulo. En ese momento se separa la cola del espermatozoide, y la cabeza forma una esfera del mismo tamaño que el pronúcleo femenino; al crearse ambos cuerpos forman una *vesica piscis*. En ese momento las dos células ya poseen todo el conocimiento del universo.

En el siguiente paso, el espermatozoide y el óvulo se juntan y se convierten en la primera célula integral, que es el zigoto humano. Ahora ya contiene cuarenta y cuatro, más dos, cromosomas. Se produce entonces la siguiente mitosis (figura 9-31) y los cuerpos polares emigran a los extremos opuestos de la célula, formando un polo norte y un polo sur. Se crea, de este modo, un cuerpo tubular y los cromosomas se escinden; parte de ellos se va a un extremo del tubo y la otra mitad al otro. Aquí es cuando se originan las proporciones de lo que ha de ser el cuerpo adulto; en la célula original ya hay una «persona diminuta».

Entonces el zigoto se divide en cuatro células, formándose un tetraedro dentro de una esfera (figura 9-32) En la división siguiente ya hay ocho células que forman una estrella tetraédrica, que es también un cubo (figura 9-33). En este punto está el huevo de la vida. Estas ocho células se muestran idénticas en todos los aspectos, y se hallan más cerca de lo que realmente somos, que todas las demás de nuestro cuerpo. Las ocho células se sitúan en el centro geométrico del cuerpo, en la base de la espina dorsal o perineo, y son inmortales en relación con nuestros cuerpos. Todos los campos y redes energéticas que nos rodean se encuentran centrados en estas ocho células. Crecemos a partir de ellas.

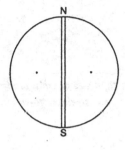

Figura 9-31. Empieza la mitosis.

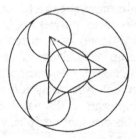

Figura 9-32. El zigoto se escinde en cuatro células y forma un tetraedro dentro de una esfera.

Figura 9-33. La siguiente división produce ocho células
y una estrella tetraédrica.

Esas ocho primeras células se dividen en otras ocho, y forman un cubo dentro de otro cubo. Es decir, la última división celular es simétricamente geométrica. Cuando se pasa de dieciséis a treinta y dos células, ya se crean dos espacios intermedios; y cuando se pasa de treinta y dos a sesenta y cuatro, la estructura se vuelve más asimétrica. El embrión empieza a hacerse hueco y retoma la forma esférica. El polo norte atraviesa la bola hueca, crece y se une al polo sur, formando un tubo hueco en el centro, que se enrosca dando lugar a un receptáculo tubular. Uno de sus extremos se convertirá en la boca y el otro en el ano. A partir de aquí empieza a tener lugar una diferenciación en mayor escala. En otras palabras, se empiezan a diseñar las características que habrán de dar forma a las distintos cuerpos, ya sean humanos, animales, insectos, o lo que sea.

Así pues, la secuencia es la siguiente: La vida se inicia como un óvulo o esfera, pasa a convertirse en un tetraedro, después en una estrella tetraédrica, posteriormente en un cubo, a continuación en una nueva esfera y termina en un corpúsculo tubular.

La relación Pi

Ahora echemos un vistazo a la geometría espacial de nuestros cuerpos. El primer concepto que quisiera introducir es el de la relación pi. Ésta constituye un número trascendental, es decir, que nunca se repite. Se aproxima a 1,6180339 pero no termina aquí, puesto que sigue indefinidamente. La importancia de la relación pi estriba en que podemos hallarla en todas las estructuras orgánicas. La relación pi es una proporción. Si se tiene una línea (C) y se la divide en A y B, de forma que éstas queden exactamente proporcionadas tendremos que A dividido por B será igual a C dividido por A, o, lo que es lo mismo, 1,6180339 (figura 9-34).

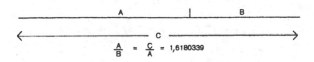

Figura 9-34. La relación pi.

Podemos apreciar cómo se obtiene la relación pi, estudiando la figura 9-35. Si usted empieza tomando un cuadrado y traza una línea por la parte baja de su punto medio, como se muestra en el diagrama, traza después una diagonal (que es la línea D en el diagrama), y con un compás hace girar la línea diagonal, entonces obtendrá que A dividido por B es igual a C dividido por A, y que la proporción da 1,6180339

La estructura ósea de todo cuerpo orgánico se basa en la relación pi. Por ejemplo, en los seres humanos los huesos de los dedos mantienen entre sí esta relación pi. El primer hueso del dedo tiene una relación pi con respecto al segundo, el segundo respecto al tercero, etc. Esto se da igualmente en los huesos de los pies y de las piernas.

101

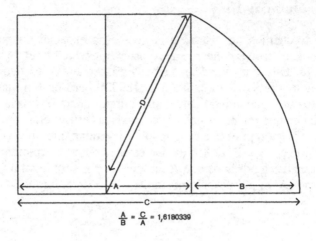

$$\frac{A}{B} = \frac{C}{A} = 1,6180339$$

Figura 9-35. Cómo se obtiene la relación pi.

Todas las leyes se encuentran contenidas en las proporciones del cuerpo. La figura de los campos energéticos que rodean el cuerpo es idéntica a la que rodea cuanto existe, y gracias a la cual ha sido creado todo.

Observemos el famoso dibujo de Leonardo da Vinci *Las proporciones del cuerpo humano* (Figura 9-36). Los brazos se hallan extendidos, al igual que los pies. Con esta posición se forma un cuadrado o cubo que rodea de forma perfecta el cuerpo. El centro se halla en la base de la espina dorsal, donde están las ocho células originarias. Estas células también conforman su pequeño cubo. De forma que tenemos un pequeño cubo dentro del cuerpo, en la base de la espina dorsal, y otro más grande que rodea nuestro cuerpo.

Cuando desplegamos los brazos y piernas en la figura, se forma una esfera o círculo cuyo centro se encuentra en el ombligo. El círculo y el cuadrado se juntan en los pies, y la distancia entre el ombligo y la base de la espina dorsal es exactamente la mitad de la existente entre la parte superior de la cabeza y la línea del círculo. Si se hace girar el centro del círculo desde el ombligo hasta la base de la espina dorsal, obtendremos la representación de la relación pi (figura 9-37). La figura de la relación pi en este caso se produciría cuando el perímetro del cuadrado y la circunferencia del círculo fueran iguales (figura 9-38).

Por tanto, usted puede rodear su cuerpo con un cuadrado que tiene un polo norte-sur desplazándose del centro, y de él puede conseguir matemáticamente la relación pi. Véase la figura 9-35.

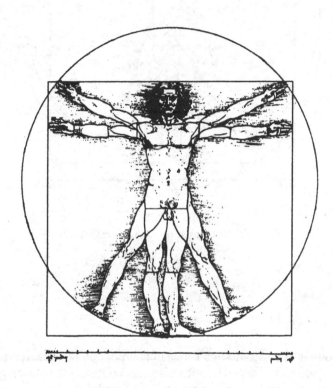

Figura 9-36. Las proporciones del cuerpo humano.

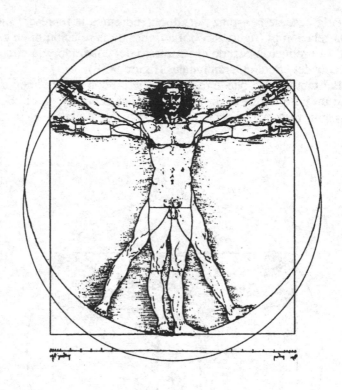

Figura 9-37. Representación de la relación pi.

La espiral

Volvamos al cuadrado que rodea el cuerpo, con la línea que parte
del centro y la diagonal. Utilicemos un compás y hagamos girar
la línea diagonal, completando un rectángulo con las dos líneas
que faltaban, prolongándolas hasta su unión. Obtendremos así un
rectángulo medio dorado (figura 9-39).

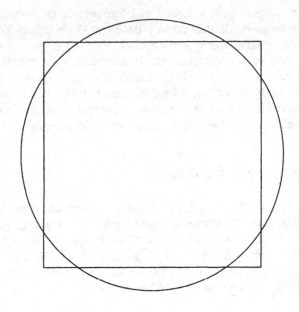

Figura 9-38. Cuando el perímetro del cuadrado y la circunferencia del círculo son iguales, se produce la relación pi.

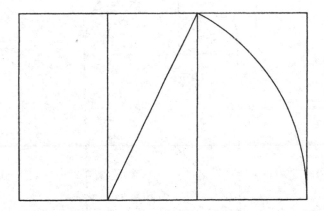

Figura 9-39. El rectángulo medio dorado.

El rectángulo medio dorado está formado de tal manera que si usted toma su borde más corto y hace con él un cuadrado, lo que queda es otro rectángulo proporcional al mayor en una relación de 1,618; esto se puede repetir indefinidamente. La figura crea una espiral que también se prolonga indefinidamente (figura 9-40). Por tanto, la espiral se obtiene del rectángulo medio dorado. Este rectángulo tiene dos campos energéticos: la energía masculina en la diagonal de los cuadrados, y la femenina en la línea curva de la espiral.

La secuencia Fibonacci

Leonardo Fibonacci, un matemático medieval, descubrió un determinado orden o secuencia que siguen las plantas en su crecimiento; se trata de un tipo de relación que se mantiene por doquier. La secuencia es: 1, 1, 2, 3, 5, 8, 13, 21, 34, 55, 89, 144, 233, etc. Me referí anteriormente a este tipo de secuencia cuando hablábamos del crecimiento de las plantas.

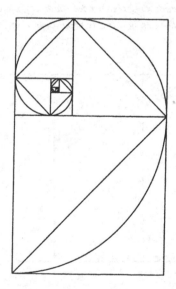

Figura 9-40. Espiral. Rectángulo medio dorado.

La causa de que este modelo secuencial aparezca en los procesos biológicos hay que buscarla en la espiral media dorada que gira constantemente, sin principio ni fin. La naturaleza no sabe cómo comportarse con algo que carece de principio, porque en tal caso no existe un punto de partida. Así pues, esta secuencia que ha recibido el nombre de secuencia Fibonacci, es la solución que tiene la naturaleza para este problema.

Si se divide un término de esta secuencia entre el siguiente y se mantiene el proceso, se podrá observar que nos acercamos rápidamente al trascendental número 1,6180339.

Por ejemplo:

1 dividido entre 1 = 1
2 dividido entre 1 = 2
3 dividido entre 2 = 1,5
5 dividido entre 3 = 1,66
8 dividido entre 5 = 1,60
13 dividido entre 8 = 1,625
21 dividido entre 13 = 1,615
34 dividido entre 21 = 1,619
55 dividido entre 34 = 1,617
89 dividido entre 55 = 1,6181

En esta relación se puede observar que se sigue manteniendo de abajo arriba el número trascendental 1,6180339, de forma secuencial.

Uno puede acercarse cada vez más a la exacta relación pi de 1,6180339 sin llegar a conseguirla realmente. No obstante, se acercará tanto y tan rápidamente a ella que no se podrá observar la diferencia. Éste es el modo en que la naturaleza se comporta con aquello que carece de principio y de final.

La figura 9-41 muestra cómo esta relación trabaja geométricamente. Utilice la diagonal del primer cuadrado como unidad de medida, y mueva una unidad; haga un giro de 90 grados y mueva otra unidad; gire nuevamente 90 grados y mueva dos diagonales; gire una vez más 90 grados y mueva tres diagonales; después, 90 grados y cinco, 90 grados y ocho, etc. La espiral se despliega de la misma manera que en la naturaleza.

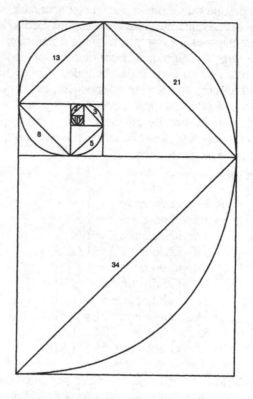

Figura 9-41. Espiral Fibonacci.

La figura 9-42 describe la comparación geométrica entre un rectángulo medio logarítmico, a la derecha, y un rectángulo Fibonacci a la izquierda. Un rectángulo Fibonacci contiene seis cuadrados iguales. Asimismo tiene un principio si se compara con el rectángulo medio dorado logarítmico, que sigue creciendo indefinidamente. Como se puede apreciar, uno y otro se aproximan muy deprisa.

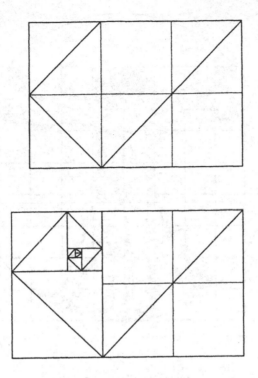

Figura 9-42. El rectángulo medio dorado frente al rectángulo Fibonacci.

Volviendo al dibujo de Da Vinci, podemos apreciar que éste trazó distintas líneas corporales en diferentes partes de los brazos, en las rodillas, en el centro, en el pecho, cuello, etc. Si extendemos esas líneas crearemos una red de ocho por ocho, es decir, sesenta y cuatro cuadrados (figura 9-43).

Las ocho espirales de energía que rodean el cuerpo humano se basan en la secuencia Fibonacci. Dichas espirales energéticas entran y se focalizan en los ocho cuadrados que rodean los cuatro cuadrados centrales (véase figura 9-44).

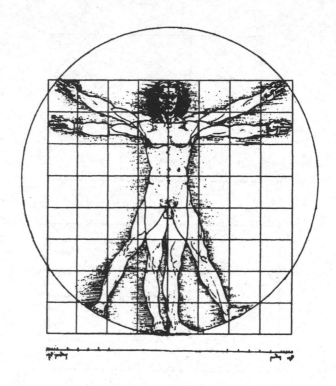

Figura 9-43. La red 8 por 8.

La figura 9-45 muestra los sesenta y cuatro cuadrados con las espirales energéticas. Las espirales entran de dos formas distintas. En la figura 9-46 se muestra una de ellas. Los puntos de partida son los ocho cuadrados que rodean los otros cuatro cuadrados centrales. Se puede trazar cualquiera de esas espirales utilizando la secuencia Fibonacci de 1, 1, 2, 3, 5, 8, 13, etc. Reciben el nombre de «espirales de luz blanca». Son masculinas, y su medio original es eléctrico.

Las espirales pueden seguir la otra forma, como se muestra en la figura 9-47. Si se crea de este modo, hay que atravesar el punto cero central. Éste es el útero o vacío. Se denominan «espirales de luz negra». Son femeninas, y su medio originario es magnético.

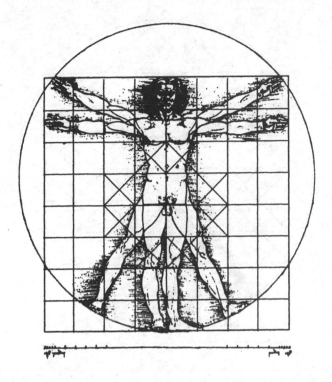

Figura 9-44. Las espirales energéticas se focalizan en los ocho cuadrados que rodean los cuatro cuadrados centrales.

También se pueden sobreimponer en esta red las ocho célula originales del zigoto humano, o «huevo de vida». Esta geometría es válida para el ser humano desde el momento de la concepción hasta la madurez.

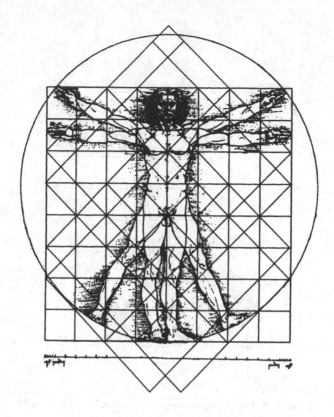

Figura 9-45. Las espirales de energía.

El sistema de chakras

Los armónicos musicales y el sistema de chakras de nuestro cuerpo se encuentran relacionados en el modelo geométrico denominado «huevo de vida». Tal como se muestra en la figura 9-48, entre la tercera y cuarta, y la séptima y octava de las notas musicales, hay medios tonos. Nadie sabe explicar la razón. Algunos musicólogos también hablan de una ruptura o cambio entre las notas cuarta y quinta. Es un modelo de reflexión. Uno, dos, tres, medio tono, cuatro; uno, dos, tres, medio tono, cuatro. De hecho, hay dos series de cuatro. Una es femenina y la otra masculina.

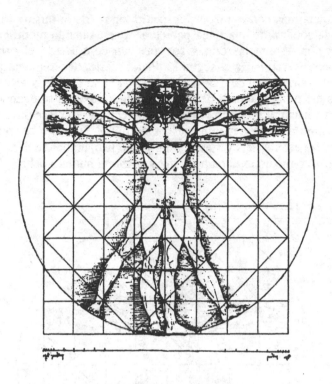

*Figura 9-46. Espirales de «luz blanca»; son masculinas
y su naturaleza originaria es eléctrica.*

La razón de que haya medios tonos entre las notas tercera y
cuarta, y la séptima y octava, y de que haya también una ruptura
entre la cuarta y la quinta, es que el sonido puede expresarse en
términos del huevo de la vida (figura 9-49). A medida que el sonido entra desde abajo, golpea la esfera número uno. Desde aquí
tiene otros tres lugares para desplazarse en este tetraedro –desde
la esfera número uno a la número dos, y después a la número tres;
se mueve en triángulo–, que constituyen un plano liso en la misma
dirección. Después, y a fin de que las ondas sonoras alcancen la
cuarta esfera, tiene que cambiar de dirección. La cuarta esfera se
encuentra exactamente detrás de la quinta. Debido a que las ondas
sonoras cambian de dirección, se perciben como si recorrieran una

113

distancia más corta –razón del medio tono–, de la misma forma que la sombra de una línea parece acortarse cuando modifica su dirección. Ahora las ondas sonoras han completado el primer tetraedro y van hacia el segundo. Para hacerlo, tienen que atravesar el vacío central del huevo de la vida, el Gran Vacío, y alcanzar la esfera número cinco. El sonido cambia la polaridad cuando se mueve hacia el segundo tetraedro; es decir, de lo masculino a lo femenino o de lo femenino a lo masculino. Entonces se mueve hacia las esferas seis y siete, en un plano liso, en donde tiene que hacer otro medio tono para alcanzar la esfera número ocho.

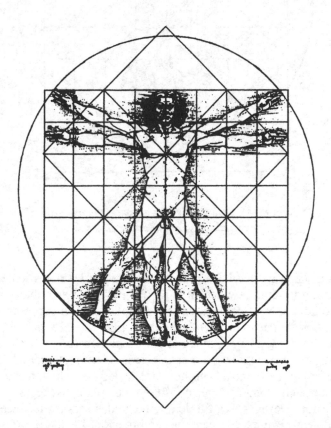

*Figura 9-47. Espirales de «luz negra»; son femeninas
y su naturaleza primaria es magnética.*

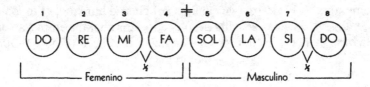

Figura 9-48. Los armónicos musicales.

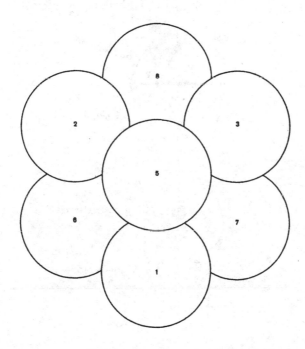

Figura 9-49. Relación existente entre el sonido y el huevo de la vida.

El sistema de chakras de ocho puntos descrito por Drunvalo recuerda el movimiento de las ocho notas de la escala musical; sin embargo, en el sistema de chakras del cuerpo humano, el modelo de «huevo de vida» se halla desplegado. Los chakras empiezan en la base de la espina dorsal y suben hacia la cabeza (Figura 9-50)

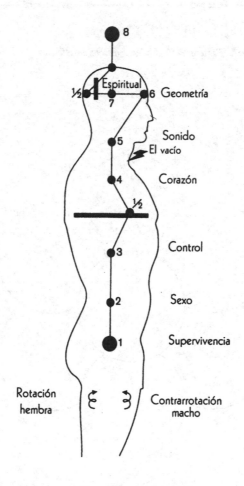

Figura 9-50. El sistema de chakras de ocho puntos.

Según Drunvalo, este sistema es hindú o tibetano y se halla muy simplificado. Él asegura que el ser humano tiene también otros sistemas de chakras, por encima y por debajo del cuerpo. El que se encuentra bajo nuestros pies es el nivel de conciencia del que procedemos, y el que se halla sobre la cabeza es nuestro próximo nivel de conciencia, aquel hacia el que nos movemos. Están en una relación pi. El sistema inferior es muy pequeño, mientras que el superior es muy grande.

A semejanza de lo que sucede en la escala musical, en el sistema de chakras se producen también semitonos, o medios pasos. Los chakras son como lentes, a través de las cuales interpretamos la realidad. Por ejemplo, cuando nace un nuevo ser, toda su preocupación se centra en el problema de la supervivencia, en el poder permanecer en este nivel tridimensional. El paso siguiente para este nuevo espíritu es el establecer contacto físico con otros seres. Una vez que uno se ha integrado consigo mismo y ha tenido relaciones sexuales, el paso siguiente consiste en establecer el propio control. Este proceso se halla representado por los tres chakras inferiores; después, hay una gran barrera, y se produce un semitono de cambio de dirección. No se puede atravesar esta barrera hasta que se hayan dominado los tres chakras anteriores. Una vez conseguido esto, se llega al cuarto chakra que se encuentra a la altura del corazón. El quinto está localizado en el cuello y se halla vinculado a la música; el sexto, entre los ojos, se relaciona con la geometría, y el séptimo, situado en la glándula pineal, constituye el «tercer ojo». En este punto hay otra barrera, con su correspondiente semitono de cambio de dirección. Así llegamos al octavo chakra que se encuentra en la parte superior de la cabeza, y que marca nuestra nueva fase en la evolución de nuestra conciencia.

Este sistema de ocho puntos representa solamente las notas blancas de la escala musical y, como dijo Drunvalo, es un sistema sumamente simplificado. Porque en la escala musical también hay cinco notas negras, que corresponden a los agudos y graves. Así pues, en realidad hay doce chakras, siendo el decimotercero el que se encuentra sobre la cabeza (figura 9-51). Esos doce chakras presentan cinco subchakras a cada lado, por tanto, en realidad hay sesenta puntos. Cada uno de los doce grupos de cinco están separados por 90 grados.

117

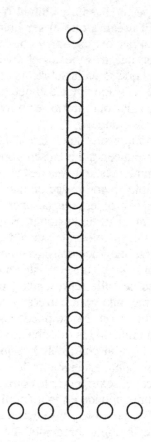

Figura 9-51. El sistema de chakras de doce puntos.

Un tubo totalmente recto, como un tubo fluorescente, recorre nuestro cuerpo desde el perineo, en la base de la espina dorsal, hasta la fontanela, en la cabeza. Los doce chakras se encuentran a lo largo de esta línea, situados a una distancia media de 7,23 centímetros uno de otro; una distancia equivalente a la longitud media de la palma de la mano, o a la existente entre la punta de la barbilla y la punta de la nariz.

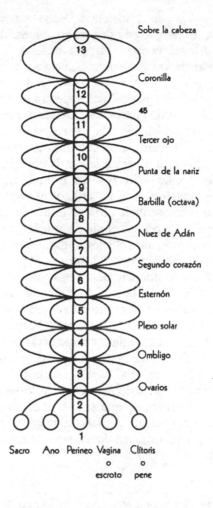

Sobre la cabeza

Coronilla

45

Tercer ojo

Punta de la nariz

Barbilla (octava)

Nuez de Adán

Segundo corazón

Esternón

Plexo solar

Ombligo

Ovarios

Sacro Ano Perineo Vagina Clítoris
o   o
escroto   pene

Figura 9-52.

Las espirales energéticas ascienden por el sistema de chakras, formando un ángulo de 90 grados a medida que pasan de un chakra al siguiente. En la base (figura 9-52) los cinco canales se encuentran en una misma línea. El que se abre a la vagina es una

119

vesica piscis, y el pequeño orificio del pene es también otra *vesica piscis*. Toda la energía, en estos cinco puntos, fluye de adelante hacia atrás. A medida que la energía asciende 7,23 centímetros hacia el segundo chakra y los ovarios, cambia de dirección en un ángulo de 90 grados. A una distancia similar de 7,23 cm más arriba (con otro giro de 90 grados) se encuentra el ombligo. Aquí es donde se anudó el cordón umbilical. La energía se mueve en este punto de atrás hacia adelante, a la inversa de lo que sucedía en el chakra de la base. Cuando asciende nuevamente hacia el plexo solar, que constituye otra *vesica piscis*, la energía se irradia lateralmente como sucedía en los ovarios. El nivel siguiente es el del esternón, que es un punto especial, afiliado al círculo (figura 9-53). El quinto chakra representa la primera instancia de retorno; es un punto muy importante porque contiene toda la movilidad anterior. La energía ha realizado una rotación completa de 360 grados, y ya «conoce» todas las direcciones. Estamos en el pecho, que también se encuentra dividido por este hueso esternón. Es el punto de la conciencia crística. Se halla a 19,5 grados de latitud corporal y forma una cruz. En el sexto punto está el corazón; en el séptimo la nuez de Adán; el octavo es la barbilla. Aquí se produce otro quiebro de octava, y la energía asciende hacia la cabeza. La configuración física de la cara que corresponde a los chakras de la cabeza, se inicia en la barbilla. Desde la barbilla la energía gira 90 grados hacia la boca (la corriente energética fluye de lado a lado), después hacia la nariz (la energía se mueve de atrás hacia adelante), hacia los ojos (energía de lado a lado) y, posteriormente, asciende hacia el tercer ojo, en donde ejecuta nuevamente un giro de 360 grados.

Los puntos de los chakras externos

Tenemos también un sistema externo de chakras que rodea nuestro cuerpo. Estamos circundados por una figura que tiene la forma de una estrella tetraédrica con ocho puntos externos (figura 9-54). Si pudieran fotografiarse los chakras interiores se comprobaría que son idénticos a los exteriores. Estos últimos vibran al unísono, igual que lo hacen los internos. Así pues, el sistema de chakras tiene dos aspectos, el interior y el exterior.

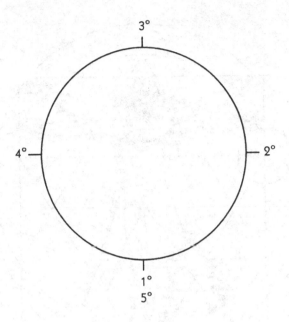

Figura 9-53. El quinto chakra, el esternón.
La energía ha efectuado un giro completo de 360°
y ya conoce todas las direcciones.

Con respecto a los componentes de la estrella tetraédrica que rodea nuestro cuerpo, el tetraedro que señala hacia arriba, hacia el cielo, es macho, mientras que el que lo hace hacia abajo, hacia la tierra, es hembra (figura 9-54). Esto es igual para hombres y mujeres. Solamente existen dos formas en las que una persona puede encajar de forma simétrica dentro de la estrella tetraédrica. Si el punto de la base del tetraedro macho está hacia adelante, el macho encaja; si el punto de la base del tetraedro hembra está hacia adelante, la hembra encaja. La estrella tetraédrica está unida al centro del cuerpo, en la base de la espina dorsal. Si uno salta, la estrella tetraédrica salta con uno; si uno se sienta, también se sienta la estrella.

121

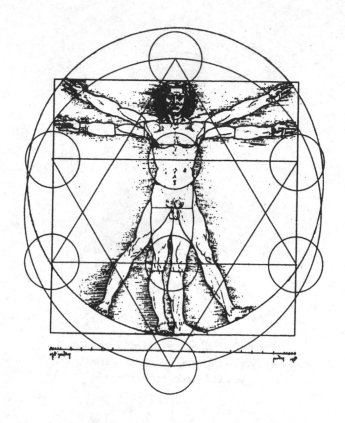

Figura 9-54. Sistema de chakras exteriores.

La figura 9-54 muestra bidimensionalmente cómo encaja el macho dentro de la estrella tetraédrica. Si el dibujo reprodujese una hembra, estaría mirando hacia atrás. La figura 9-55 nos da una visión de cómo encajarían un macho y una hembra dentro de la estrella tetraédrica.

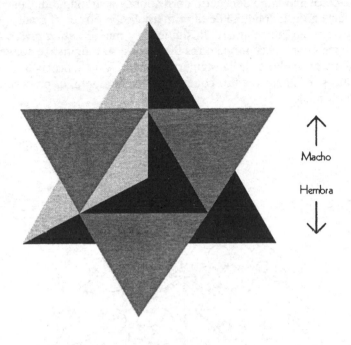

Macho

Hembra

Figura 9-55. *Vista superior de cómo encajan machos y hembras dentro de la estrella tetraédrica.*

El ojo

Drunvalo ha trazado la estructura morfogénica del ojo, ya sea el humano o el perteneciente a cualquier otra criatura. Él cree que ésta es su reproducción más importante (figura 9-56). La estructura ocular es idéntica a la estructura lumínica. y engloba la estructura electromagnética completa. Dicha estructura contiene la geometría de la *vesica piscis*. Dentro de la *vesica piscis* hay dos triángulos equiláteros. La base concurrente de los triángulos corresponde a la anchura de la *vesica piscis*, mientras que la línea que corre a lo largo del centro corresponde a su longitud. Cuando se hace girar la longitud de la primera *vesica piscis* 90 grados, se convierte en la anchura de la siguiente y mayor *vesica piscis*. Si se hace girar a esta última otros 90 grados, su longitud se convertirá en la anchura de la siguiente mayor, y así sucesivamente. Tanto si es hacia adentro como si es hacia afuera, el proceso es interminable.

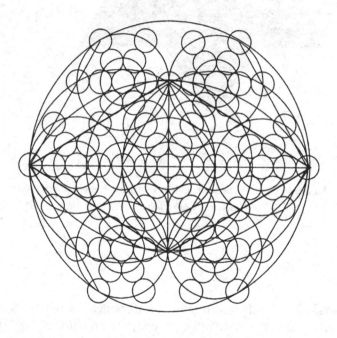

Figura 9-56. Estructura morfogénica de todos los ojos.

La luz, o campo electromagnético, es un campo eléctrico con un campo magnético que se mueve a 90 grados de él (figura 9-57). El campo eléctrico se mueve en una longitud de onda, y el magnético lo hace a 90 grados de esa onda. Y toda la configuración gira a medida que se mueve a través del espacio (figura 9-58). Drunvalo predice que los científicos descubrirán, en cualquier campo electromagnético, que el aspecto eléctrico es la longitud de la primera *vesica piscis*, y que el aspecto magnético corresponde a su anchura, y que ambas son proporcionales. Giran en espirales rotatorias de 90 grados, al igual que lo hace la *vesica piscis*. Las espirales logarítmicas también se mueven a lo largo de espirales electromagnéticas de energía. Tanto el campo lumínico, en sí mismo, como el ojo que lo recibe se hallan también en el mismo modelo geométrico, debido a que el receptor ha de sintonizar con lo que está recibiendo. Nuestros cuerpos, por tanto, están sintonizados con el sonido, la vibración, la música y la luz.

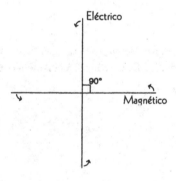

Figura 9-57. Un campo electromagnético.

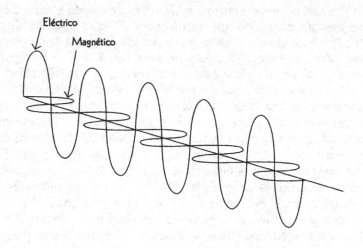

Figura 9-58. Campo electromagnético.

Notas

1. Stan Tenen, *Geometric Metaphors of Life*, vídeo de 108 minutos (19909 The MERU Foundations, P.O. Box 1738, San Anselmo, CA. 94979).

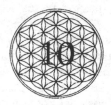

El ojo izquierdo de Horus

E l «Ojo izquierdo de Horus» fue una especie de curso de preparación del «cuerpo emocional», que duraba doce años y que realizaban los aspirantes egipcios a la iniciación. Durante esa fase preparatoria se trabajaba con las diversas emociones, sentimientos, miedos y con los aspectos de los chakras, tanto los positivos como los negativos. Todos los templos del antiguo Egipto estaban construidos y diseñados para estas prácticas del «Ojo izquierdo de Horus». Durante los cursos, los futuros iniciados se ejercitaban en aspectos muy diferentes de la naturaleza humana. Cada chakra tiene, relacionado con él, un determinado miedo, y cada uno de los doce templos más importantes de Egipto trabajaba en su correspondiente miedo chákrico.

Según afirma Drunvalo, el templo que se ocupaba de los miedos asociados al segundo chakra, tenía un gran foso en el suelo (figura 10-1). Incluso los guías modernos cuentan a los turistas que este foso formaba parte del proceso de entrenamiento de los aspirantes que estudiaban allí. El discípulo tenía que entrar en este foso que estaba lleno de agua, y en el que se habían colocado grandes losas de piedra, por lo que era necesario tener cuidado para no tropezar con ellas. En este ejercicio había que sumergirse hasta el fondo del foso, pasar a través de una pequeña abertura y salir a la otra parte. Esto no parece que sea una cosa muy difícil, pero los discípulos tenían que hacer algo más. Los egiptólogos han descubierto que estos agujeros, como decíamos, estaban llenos de agua, pero desconocen las razones de tal hecho. Drunvalo le preguntó a Toth el significado que una cosa así podía tener en el proceso de iniciación, y Toth le explicó lo siguiente:

El templo estaba construido de tal forma que la iniciación del candidato principiaba en un nivel del terreno que estaba mucho más alto que el foso. El ejercicio estaba concebido de manera que los discípulos sólo pudieran ver dos cosas: los tres peldaños que conducían a la superficie del agua, y una muralla muy alta que se alzaba al otro lado del agua (figura 10-2). Los candidatos tenían que descender los tres escalones, meterse en el agua y volver a salir, pero por un camino distinto al de entrada. Tenían que nadar despacio, porque la oscuridad era total y, como hemos dicho, existían obstáculos en el agua. Así que debían ir hasta el fondo del foso, y encontrar allí un pasadizo que les llevaba hasta un gran tanque. Este tanque estaba iluminado, de modo que podían divisarlo muy bien. Pero el tanque estaba lleno de cocodrilos. Al llegar a este punto, el discípulo podía ver una abertura en la parte superior del tanque. Según Toth, lo que se solía hacer casi siempre era nadar directamente hacia la abertura, evitando los cocodrilos.

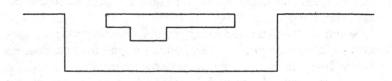

Figura 10-1. El foso.

El problema estribaba en que se fallase en el intento porque, de ser así, se tenía que repetir la prueba. Si el discípulo se veía obligado a repetirla, de antemano ya sabía dos cosas: la primera era que la abertura que se veía más fácilmente no era la correcta; y la segunda, que el tanque estaba lleno de cocodrilos. El haber sentido la proximidad de estos animales hacía mucho más temible la prueba cuando era necesario repetirla. De este modo, cuando el discípulo se sentía dominado por el terror, sabía que aún tenía que sumergirse más, si quería evitar a las fieras y encontrar la salida correcta.

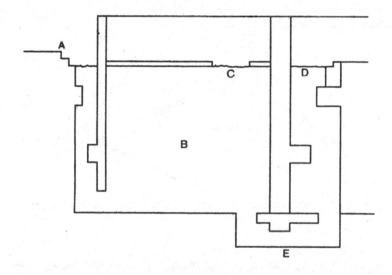

Figura 10-2. Prácticas del «Ojo izquierdo de Horus»:
A- El iniciado empieza aquí
B- Tanque lleno de cocodrilos
C- Salida incorrecta
D- Salida correcta
E- Foso que aparece en la figura 10-1

La Gran Pirámide

Tras concluir los doce años de sus prácticas en el «Ojo izquierdo de Horus» (el entrenamiento del cuerpo emocional) y doce años más en el «Ojo derecho de Horus» (el entrenamiento de la unidad de conciencia), el discípulo tenía que descender a lo profundo de la Gran Pirámide, para llevar a cabo una prueba final de iniciación, que duraba tres días y medio.

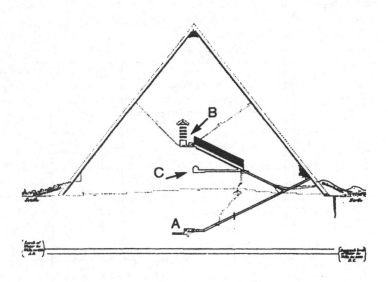

Figura 10-3. La iniciación en la Gran Pirámide. La iniciación comienza por debajo de la Gran Pirámide (A). Se sigue hacia la Cámara del Rey (B) y, finalmente, hacia la Cámara de la Reina (C).

Toth afirma que las pirámides fueron construidas de forma específica para llevar al individuo del segundo nivel de conciencia (en el que nos encontramos actualmente) al tercer nivel, que es la conciencia crística. La Gran Pirámide es, pues, una cámara de iniciación.

Fueron los árabes quienes dieron el nombre de cámara del rey y cámara de la reina, a estas estancias de la Gran Pirámide, al ver su sugestivo trazado. El techo de la cámara del rey es plano, y los árabes suelen enterrar a sus muertos varones bajo techos planos. La cámara de la reina, por el contrario, tiene un techo inclinado, y los árabes suelen enterrar a sus muertas bajo techos de este tipo. Pero, según Drunvalo, estas cámaras nada tienen que ver con enterramientos, puesto que fueron cámaras de iniciación. El proceso de iniciación comenzaba en los subterráneos de la Gran Pirámide. Desde allí el iniciado se trasladaba a la cámara del rey y, finalmente, a la de la reina (figura 10-3). El proceso de iniciación comenzaba en una sala, bajo la Gran Pirámide, porque los iniciados necesitaban encontrar primeramente la espiral de la «luz negra», que llega hasta el centro de la tierrra y hasta las Salas de Amenti. Ese túnel sigue existiendo en los subterráneos de la Gran Pirámide, y parece como si concluyese en un lugar impreciso. Todavía nadie ha descubierto la razón de que esto sea así.

Según afirma Drunvalo, el túnel es el lugar en el que se conecta con la «espiral de luz negra», una vez que ésta ha pasado por el punto cero, o Gran Vacío. En realidad, este túnel constituye una cámara de iniciación de la «espiral de luz negra». Cualquier pensamiento que pueda tener uno en ese túnel se hace real, porque es un espacio que pertenece a la cuarta dimensión. Por tal motivo muchas personas encontraron la muerte en este lugar, al manifestar sus miedos. Han pasado tantas cosas extrañas en este túnel, que últimamente el gobierno egipcio lo ha cerrado a los turistas. No cabe duda de que ha sido una buena idea, porque los turistas por lo general no saben qué hacer cuando se encuentran en la cuarta dimensión.

Este túnel constituye la primera fase de la iniciación en la conciencia crística, la cual representa una forma absolutamente diferente de interpretar la realidad. Desde este punto, el iniciado caminaba hacia la cámara del rey. Este lugar estaba concebido para atrapar la espiral de la «luz blanca» en su origen, y filtrar la «luz negra». La cámara del rey parece un lugar marginal, pero en él se encontraba un sarcófago situado de tal forma, que si uno se introducía en él la «espiral de la luz blanca» penetraba directamente en la glándula pineal. Los iniciados yacían en este sarcófago durante tres días y medio, en el transcurso de los cuales abandonaban el mundo de la tercera dimensión, y experimentaban una increíble expansión de conciencia. Les era posible regresar a sus cuerpos, gracias a que utilizaban los principios de la espiral Fibonacci, y no la espiral logarítmica dorada. Tal como ya se ha dicho, la espiral logarítmica no tiene ni principio ni fin, pero la espiral Fibonacci posee un punto de partida. Así pues, los iniciados podían realizar el regreso a sus cuerpos, debido a que tenían un punto de referencia en la espiral Fibonacci.

Después de haber experimentado esta trastornadora transformación del ser y de la realidad, el iniciado iba a la cámara de la reina, que le servía de lugar de estabilización. Aunque se hubiera podido vivir con éxito la experiencia de la cámara del rey, la mente ha quedado tan dramáticamente alterada que se necesita un período de reposo. Y esto era precisamente la cámara de la reina, una especie de santuario para estabilizar la conciencia crística.

Cuando los arqueólogos abrieron por primera vez el sarcófago de la cámara del rey, encontraron dentro un polvo cristalino de color blanco, totalmente desconocido, que inmediatamente se pusieron a examinar. Ese polvo puede verse hoy día en el Museo Británico. Nadie supo de qué se trataba, hasta hace muy poco tiempo; y la explicación es algo que no se podía imaginar. Los científicos han descubierto que cuando una persona se encuentra en un estado de meditación muy profunda, la glándula pituitaria excreta una sustancia química que, posteriormente, cristaliza y se convierte en polvo. En el sarcófago existente en la cámara del rey se encontró tanto polvo de este tipo, que ello demuestra que por allí debieron pasar muchas personas.

Se ha teorizado mucho sobre la posibilidad de que la Gran Pirámide constituyera un monumento funerario. Sin embargo, existen gran cantidad de pruebas que demuestran que no se trataba de eso, sino que era un lugar de iniciación. Cuando en el antiguo Egipto moría un personaje de importancia, los sacerdotes recogían su corazón y otros órganos internos que depositaban en cuatro recipientes. Se momificaba al muerto, se le colocaba en su sarcófago y se sellaba éste. Después se llevaba el sarcófago al lugar del enterramiento definitivo. El sarcófago existente en la cámara del rey es más grande que la puerta de acceso. Esto demuestra que se colocó allí cuando se estaba construyendo el lugar, y que no se pensaba moverlo de la cámara.

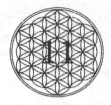

Las Estancias de los Recuerdos

Según el famoso físico Edgar Cayce, la entrada a las Estancias de los Recuerdos, que contienen toda la historia de la Tierra, se descubrirá en el hombro derecho de la esfinge. Esto ha sido marcado geométricamente con mucha precisión. Observando la figura 11-1 comprobamos que si se traza una bisectriz al rectángulo medio dorado, que entorna la espiral de la llanura de Gizeh, aquélla pasa exactamente por el punto de apoyo de la Esfinge. Al mismo tiempo, si se traza una línea desde la cara meridional de la pirámide central y la línea que divide el rectángulo dorado, se forma una cruz que marca un punto muy concreto en el hombro derecho de la Esfinge.

La Esfinge está sufriendo actualmente una restauración importante, y uno de los problemas con los que se han encontrado los técnicos es que el hombro derecho –la zona marcada con la cruz– tiene una gruesa grieta. La cabeza también se encuentra a punto de caerse. Hace seis o siete años, Toth le comunicó a Drunvalo que la cabeza acabará desprendiéndose, y que entonces se encontrará en el cuello de la esfinge una gran esfera dorada, que es una cápsula del tiempo. Los egipcios están haciendo cuanto pueden por mantener la cabeza en su sitio y asegurar también el hombro derecho de la esfinge.

133

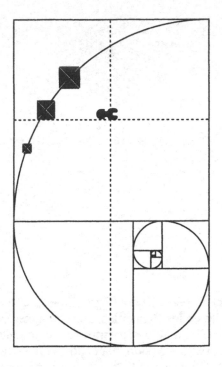

Figura 11-1. La entrada a las Estancias de los Recuerdos está marcada geométricamente en el hombro derecho de la esfinge.

Toth asegura que todo ha sido dispuesto así en los niveles superiores, a fin de que las Estancias de los Recuerdos fueran descubiertas antes de que terminase 1990. Drunvalo no está seguro de si esto ha sucedido o no. Toth afirma que en esas Estancias entrarán 148 grupos de tres personas, y que uno de esos tríos, que procede de Occidente, abrirá la puerta de acceso mediante la emisión de un sonido oral. En el interior se encontrará una escalera de caracol que conduce a una sala en la parte inferior. Los japoneses disponen de la técnica y de los aparatos necesarios como para poder ver claramente dentro de esa sala, y distinguir una vasija de barro que se halla en una de las esquinas.

Hay tres pasadizos que parten de esa sala. Si se leen correctamente las instrucciones existentes en la vasija, se podrá saber a dónde tiene que ir uno y qué debe hacer. Toth afirma que las tres personas occidentales sabrán escoger el pasadizo acertado. Si, por el contrario, se toma por el camino equivocado, o se pertenece a un grupo de personas que no es el adecuado, uno morirá: es una especie de prueba tipo *Indiana Jones*.

Si usted es una de esas personas escogidas, podrá moverse por el interior sin el menor problema. Finalmente, esas tres personas descenderán hasta un vestíbulo que se encuentra autoiluminado, sin necesidad de que haya luz alguna, ya que es el aire existente allí el que es luminoso. En la parte superior de la pared izquierda están grabados cuarenta y ocho dibujos de la geometría sagrada. Son las ilustraciones de los cromosomas de la conciencia crística, y el primero de esos dibujos representa la flor de la vida. Al final del vestíbulo hay como un pequeño pasadizo en ángulo que conduce a una gran estancia. Si uno se sienta en los asientos elevados que hay allí, puede tener la evidencia física de la existencia de todas las civilizaciones que ha habido en nuestro planeta durante los últimos cinco millones y medio de años. Enfrente de la estancia hay una piedra. Encima de esa piedra, las personas que forman ese trío escogido encontrarán algo parecido a una fotografía, que constituye una imagen de sí mismos. Debajo de esa reproducción están sus nombres; unos nombres que no corresponden con los que han tenido siempre, pero que, sin embargo, son los suyos auténticos. Bajo esos nombres, hay una fecha que corresponderá con la del día en que están viviendo. En un principio Toth iba a encontrarse con esas tres personas, pero él ya se ha ido. A menos que todo esto suceda antes del 4 de mayo de 1991, habrá otra persona que se encontrará con esas tres personas. Dice Toth que a cada una de ellas le estará permitido llevarse uno de los objetos encontrados en la estancia.

Las Estancias de los Recuerdos contienen más cosas que simples objetos físicos. Debajo de la Esfinge, en estas estancias, se guarda información sobre distintos niveles dimensionales.

135

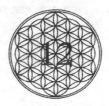

Prana

Afirma Drunvalo que cuando se produjo el último cambio de polos, en el año 10.500 a.c. y entramos en el estado de conciencia actual, dejamos de respirar tal y como se venía haciendo desde los tiempos más remotos, y empezamos a respirar tal y como lo hacemos hoy, que constituye una forma muy extraña. Prácticamente ningún ser existente en el universo respira de esa manera.

Por lo general, cuando respiramos tomamos del exterior dos cosas: el aire y el prana. El prana es la fuerza vital de la propia energía, más importante para nuestra existencia que el propio aire. El prana no sólo se encuentra en el aire, sino en todas partes. No existe lugar alguno en el que no se halle; incluso en el vacío hay prana.

El prana existe como un campo energético unido tan estrechamente al espíritu, que ni éste puede existir sin él. Si a usted se le priva de aire, morirá en unos pocos minutos; si carece de agua, podrá resistir más tiempo, y todavía podrá resistir más tiempo si carece de alimento; pero si su espíritu deja de recibir prana, la muerte es instantánea. Así pues, el tomar el prana con la respiración constituye un acto crucial para mantenerse vivo.

Se supone que al respirar, mientras el aire penetra en nuestro cuerpo a través de la boca o de la nariz, el prana entra en nuestro cuerpo por la parte superior de la cabeza, exactamente por la zona del cráneo que en los primeros años de vida se mantuvo blanda [y que recibe el nombre de fontanela. *N. del T.*] Al mismo tiempo, tomamos el prana desde abajo, a través del perineo. El canal del prana que atraviesa el cuerpo tiene, aproximadamente, cinco centímetros de diámetro y se prolonga unos 20,32 cm más por encima de la cabeza y otros 20,32 cm por debajo de los pies. Se encuentra unido a la red cristalina que rodea nuestro cuerpo. El prana entra, pues, en nuestro cuerpo por arriba y por abajo y se encuentra en uno de los chakras. Este chakra en el que se reúnen las dos corrientes de prana, depende de cuál sea aquel con el que nos encontremos sintonizados, tanto mental como dimensional y emocionalmente. El conocer esto constituye una ciencia muy concreta.

Tras el cambio de polos ocurrido, dejamos de respirar según se hacía en otros tiempos, y empezamos a tomar el prana a través de la boca y de la nariz, de forma igual a como respiramos el aire. De este modo, el prana no pasa por la glándula pineal que se halla en el centro de la cabeza. La glándula pineal es un ojo, el tercer ojo, y no la glándula pituitaria. Tiene la forma del globo ocular, redonda, hueca, y con unas lentes que focalizan y sirven de receptores de la luz y el color. Está diseñada para recibir la luz procedente de arriba, y distribuirla de forma instantánea por todas las células del cuerpo. En la medida en que está diseñada como un ojo, forma una *vessica piscis*, la figura que surge del primer día del Génesis. Esta forma geométrica es el principio de toda la creación, y contiene en sí toda la información sagrada del universo.

Sin embargo, cuando la glándula pineal no se activa, termina por anularse. Su tamaño normal sería el de una moneda pequeña (como la de veinticinco centavos de dólar) pero, debido al desuso en que se encuentra desde hace unos 13.000 años, apenas alcanza en nosotros la dimensión de un guisante. La consecuencia directa de esta anulación de la glándula pineal es el nacimiento de nuestra conciencia de polaridad o dualidad: bueno y malo, recto e incorrecto, etc.

Debido a esta forma que tenemos de respirar, vemos las cosas en términos de bien y mal; pero el hecho real es que no existe esa dimensión de la polaridad. En realidad, todas las cosas tienen tres componentes –la santa trinidad–; y al margen de lo que le dicte su polaridad, siempre habrá un tercer elemento en todo; por ejemplo, lo caliente y lo frío incluyen el concepto de calor; arriba y abajo, incluyen el centro, etc. En los niveles superiores de la existencia, la polaridad es simplemente una ilusión. Solamente existe la unidad; hay un solo Dios y un Espíritu único que todo lo mueve. Por tanto, todo cuanto sucede está sucediendo porque así lo quiere un Dios único. Pero en nuestro nivel de existencia interpretamos las cosas de modo diferente. Vemos en todo el bien y el mal. Sin embargo, lo que está sucediendo es, simplemente, una cuestión de medida. Las fuerzas de la polaridad son necesarias para el correcto funcionamiento del universo. Recuérdese que las potencias de la oscuridad hacen cuanto pueden para ocultar una zona de la conciencia, ya sea a escala planetaria o individual. Por el contrario, las fuerzas de la luz hacen todo lo posible para estimular la expansión de nuestra conciencia y de nuestra atención. Tal oposición eleva a la conciencia a su lugar exacto. En el nacimiento de un ser, por ejemplo, el tiempo adecuado de la gestación es de nueve meses, y no de tres o de quince. Las fuerzas de la polaridad establecen que el niño nazca al cabo de ese tiempo exacto.

Así pues, al encontrarnos en donde nos encontramos necesitamos ver el bien y el mal y ser conscientes de ello, pero también necesitamos reconocer que la presencia divina se halla en todas las situaciones, y que existe una razón para cuanto sucede. Es necesario que comprendamos que todo forma parte de la unidad, y que por tanto todas las cosas son en sí perfectas y completas; y que no existe nada que esté equivocado, por mucho que nosotros lo juzguemos bueno o malo. Es necesario que comprendamos que la vida genera un profundo aspecto de la existencia que está en todas partes.

En nuestro estado actual, creemos que vivimos dentro de este cuerpo, que todo lo que se halla «fuera» se encuentra separado de nosotros, y que nuestros pensamientos y sentimientos no van más allá de nosotros mismos. Creemos que podemos esconder nuestros pensamientos y sentimientos y que ellos no van a manifestarse ni tendrán ninguna consecuencia fuera de nosotros mismos. Pero esto no es cierto. Todo cuanto pensamos, sentimos y hacemos está conformando nuestro propio mundo, cuyas resonancias llegan hasta las estrellas más lejanas. Estamos creándolo todo en todo momento, de manera mucho más profunda de lo que nunca pudiéramos imaginar.

La respiración esférica de la conciencia crística

Drunvalo enseña un tipo de meditación destinada a devolvernos la forma en que se respiraba antes del último cambio de polos. Se trata de tomar el prana a través de la parte superior de la cabeza, y también desde abajo, desde el perineo, a fin de que la energía penetre en nuestro cuerpo por arriba y por abajo. Entonces el prana conecta con la red cristalina que rodea nuestro cuerpo (la estrella tetraédrica inscrita en la esfera) y se reúne en uno de los chakras. Esta respiración meditativa le fue dada a Drunvalo por los propios ángeles, seres que él considera que son, en realidad, aspectos superiores de uno mismo. No recibió esta información de Toth.

A fin de poder mantenerse vivo durante 52.000 años, Toth tuvo que estar, durante una hora diaria, manteniendo su cabeza hacia el norte y sus pies hacia el sur, concentrándose en un determinado chakra y respirando de una determinada manera. Después, tenía que modificar su polaridad y respirar durante otra hora en esa posición.

Además de emplear dos horas diariamente en ese tipo de respiración consciente, Toth tenía que permanecer una vez cada cincuenta años frente a la «llama de la vida». No es necesario decir la alegría que le produjo el hecho de que Drunvalo le proporcionase un nuevo tipo de meditación, que le permitía prescindir de sus prolongados ejercicios.

Según Drunvalo, las seis primeras respiraciones de la meditación de la respiración esférica son mejores y están mejor equilibradas que las dos horas diarias de los ejercicios respiratorios de Toth. Esta respiración esférica de la «conciencia crística» es exactamente la misma que practican las ballenas y los delfines.

La meditación se realiza en tandas de catorce respiraciones. Las seis primeras se hacen para equilibrar las polaridades de los chakras, y también para limpiar los circuitos eléctricos. Las siete siguientes restablecen las corrientes pránicas a través del organismo, y crean la respiración esférica dentro del cuerpo. La respiración número catorce cambia el equilibrio de la energía pránica dentro del cuerpo, desde la atención tridimensional a la tetradimensional. No obstante, este tipo de meditación constituye algo más que un mero ejercicio respiratorio. Es la combinación adecuada de mente, cuerpo, respiración y corazón, trabajando de forma conjunta y armónica.

Estas respiraciones son las catorce primeras de una serie de diecisiete, que se practican para crear los campos antirrotatorios del merkaba que rodea al cuerpo. Debido a que el merkaba interior sólo puede crearse si se tiene el cuerpo emocional intacto, es absolutamente necesario abrir el corazón y mantener un sentimiento de amor y de unidad hacia toda la vida, mientras se realiza la meditación. Por supuesto que usted ha de realizar este ejercicio de la mejor manera posible.

Empiece por sentarse en un lugar cómodo y en una posición relajada. Cierre los ojos y despreocúpese de las contingencias del mundo exterior. Cuando se sienta calmado y relajado, expanda su sentimiento de amor y unidad hacia todo lo viviente, tratando de visualizar al mismo tiempo la estrella tetraédrica que rodea su cuerpo.

Al hacer la primera inhalación, visualice el tetraedro masculino, que es el que tiene el ápice hacia arriba. El punto que se encuentra en la base del tetraedro, que está justamente bajo las rodillas cuando usted se halla de pie, estará mirando hacia adelante en los machos, y hacia atrás en las hembras. Visualice lo mejor que pueda este tetraedro lleno de brillante luz blanca. Su cuerpo se halla rodeado por esta luz.

Durante esta primera respiración es necesario que coloque sus manos con las palmas hacia arriba, manteniendo unidos suavemente por la punta los dedos pulgar e índice. Esta posición de las manos es un *mudra*. El resto de los dedos no deben tocarse unos a otros.

Respire por la nariz de manera profunda, relajada y rítmica durante unos siete segundos, aproximadamente, llevando la respiración hacia el estómago, después al diafragma y por último al pecho, en un solo y único movimiento respiratorio.

Después, sin hacer una pausa al término de la inhalación, empiece a exhalar. Hágalo lentamente por la nariz durante otros siete segundos. A medida que va exhalando, visualice el tetraedro femenino. Este tetraedro es el que tiene su vértice hacia abajo, y el punto que se encuentra a nivel del plexo solar mirando hacia atrás en las hembras, y hacia adelante, en los machos. Visualice de nuevo este tetraedro lleno de una luz blanca y brillante.

Tras haber concluido su exhalación, en unos siete segundos aproximadamente, relájese y contenga la respiración durante unos cinco segundos. Mueva los ojos el uno hacia el otro (dicho de otro modo, bizquee suavemente), mire después hacia arriba y hacia abajo, lo más rápidamente posible. Al mismo tiempo visualice la luz blanca del tetraedro femenino como si saliese disparada desde el vértice del tetraedro hacia la tierra.

Mientras realiza el ejercicio respiratorio, sentirá una sensación eléctrica que recorre su espina dorsal. Drunvalo la denomina «vibración». Lo que en realidad está usted haciendo es eliminar la negatividad de su sistema eléctrico que se encuentra asociado al mudra que ha empleado (los dedos índice y pulgar tocándose).

Inmediatamente después de haber hecho vibrar la energía por su espina dorsal, se inicia la segunda respiración. Ésta es exactamente igual a la primera, exceptuando el mudra que se utiliza. En esta segunda respiración, los dedos que deben tocarse son el pulgar y el dedo central. Todo lo demás es idéntico a lo que se ha hecho en la primera respiración. El ejercicio continúa siendo el mismo desde la tercera a la sexta respiración, exceptuando los mudras.

El mudra de la tercera respiración se hace uniendo el pulgar y el dedo anular. En la cuarta, se unen el pulgar y el meñique; en la quinta, el pulgar y el índice de nuevo, como se hizo en la primera respiración. En el mudra de la sexta respiración mantenga unidos por la punta el pulgar y el dedo central, como ya se hizo en la segunda respiración.

En las siete respiraciones siguientes, se respira de una nueva forma. Ya no es necesario visualizar el tetraedro masculino durante la inhalación, y el femenino en la exhalación. En su lugar se visualizará el tubo que recorre nuestro cuerpo. Dicho tubo se extiende un palmo por encima de nuestra cabeza, y otro palmo por debajo de los pies. En otras palabras, el tubo va desde el ápice del tetraedro masculino, que se alarga un palmo por encima de la cabeza, hasta el ápice o vértice del tetraedro femenino, que se encuentra un palmo por debajo de los pies. El diámetro de ese tubo es exactamente igual al diámetro del círculo formado por su dedo pulgar y su dedo corazón cuando se tocan por las puntas.

141

Inicie su séptima inhalación inmediatamente después de la pausa de la sexta exhalación. Inhale rítmicamente durante siete segundos, de la misma forma que lo hizo durante las seis primeras respiraciones. Al iniciar la séptima inhalación visualice el tubo que recorre su cuerpo, al tiempo que visualiza también la brillante luz blanca que lo llena. Dicho de otra manera, visualice el prana que corre por ese tubo desde más arriba de su cabeza y que, al mismo tiempo, también asciende desde debajo de sus pies. Visualice ahora cómo esa luz brillante y blanca entra en el tubo al nivel del ombligo o tercer chakra. En el momento en que se unen los dos rayos de prana, se forma una esfera de luz o prana del tamaño de un pomelo, que empieza a crecer lentamente. Todo esto sucede en el momento en que se inicia la séptima inhalación. A medida que usted continúa inhalando durante unos siete segundos, la esfera de prana sigue creciendo despacio. Al finalizar la séptima inhalación, expulse el aire inmediatamente, sin retener la respiración ni provocar la vibración.

Durante las siete respiraciones siguientes siga con el mismo mudra, es decir, tocando suavemente con el pulgar los dedos índice y corazón, y manteniendo las palmas hacia arriba.

A medida que se inicia la exhalación, el prana sigue fluyendo de cada extremo del tubo, e inflando la esfera que se encuentra a la altura del ombligo. En el momento de la exhalación (que dura aproximadamente siete segundos), la esfera habrá alcanzado un diámetro de dieciocho a veinte centímetros.

Inicie la octava inhalación inmediatamente después de la séptima exhalación. Durante la respiración la esfera pránica sigue creciendo, para alcanzar su tamaño máximo al término de la exhalación. En este momento, el tamaño de la esfera es casi el de una pelota de voleibol.

Durante la novena respiración la esfera ya no puede crecer más, y lo que hace es volverse más brillante. Visualice cómo crece ese brillo de la esfera, tanto al inhalar como al exhalar el aire.

Continúe visualizando cómo sigue creciendo el brillo de la esfera, durante la décima respiración. En la mitad de la inhalación, la esfera alcanzará su masa crítica y se convertirá en un sol. A medida que usted inicie su exhalación, haga un pequeño círculo con sus labios y exhale el aire de su boca como si quisiera empujarlo fuera. Deje que se vaya por completo con un suspiro final.

Mientras hace esto, el sol en que se convirtió la esfera, se expande para formar una esfera mayor que rodea todo su cuerpo. Es la misma esfera que se puede ver en el grabado de Leonardo da Vinci. Todo su cuerpo se encuentra ahora dentro de una esfera cargada de blanca luz brillante, o prana.

Sin embargo, en este momento la esfera todavía no es estable. Ha necesitado de toda su energía para encontrarse en su situación actual, y necesitará otras tres respiraciones más para estabilizarse. Las respiraciones once, doce y trece son necesarias para estabilizar la esfera. Inhale y exhale de la misma manera que lo hizo de la séptima a la novena respiración, sintiendo durante todo el tiempo cómo fluye el prana por el tubo interior, cómo se encuentran las dos corrientes a la altura del ombligo, y cómo se expanden en la esfera que rodea su cuerpo.

Ahora la esfera ya se encuentra estabilizada, y usted se halla preparado para acometer la decimocuarta, respiración que es sumamente importante. De la séptima hasta la decimotercera respiración, los dos ramales del flujo de prana del tubo interior se encontraron detrás del ombligo. Esto nos sintonizó con la realidad de la tercera dimensión. Si queremos quedarnos aquí deberíamos parar después de trece respiraciones. Pero si queremos continuar hacia la cuarta dimensión, se hace necesario que emprendamos la decimocuarta respiración, que habrá de sintonizarnos con esa otra realidad.

Al inicio de la inhalación de la decimocuarta respiración, usted modifica el punto de encuentro de las dos corrientes de prana, pasando del ombligo al esternón. Toda la gran esfera que rodea su cuerpo se mueve hacia arriba, de la misma manera que la pequeña esfera original, que está contenida en ella, va ascendiendo hacia el esternón. El encuentro de las dos corrientes de prana en este punto, le sintoniza a usted con la cuarta dimensión o conciencia crística.

A medida que usted hace esto, debe cambiar también el mudra. Los varones colocan la palma izquierda sobre la palma derecha, con los pulgares tocándose suavemente, las mujeres colocan la palma derecha sobre la izquierda, con la misma posición de los pulgares. Manténgase esta postura hasta el final de la meditación.

Mientras sigue respirando desde su centro de conciencia crística, de forma suave y relajada va sintiendo, durante el tiempo que estime oportuno, la corriente de prana y amor que recorre su cuerpo. Drunvalo recomienda que, al menos, esta meditación dure unos diez minutos.

Es muy importante mantener durante el ejercicio un tipo de pensamientos que sean puros; por ejemplo, pensar sobre la belleza, el amor, la verdad, la armonía y la paz. La razón de esto es que en la cuarta dimensión, o conciencia crística, los pensamientos se convierten instantáneamente en realidad. A medida que continúa su meditación, su estado de atención va sintonizándose, cada vez más intensamente, con la conciencia de la cuarta dimensión. Y, mientras tanto, usted también va percibiendo cómo se incrementa la potencia de sus pensamientos, y cómo van creando su propia realidad. Así pues, sus pensamientos empiezan a convertirse en realidad cada vez más rápidamente; por este motivo resulta tan necesario mantener la mente limpia.

Si usted escoge este tipo de meditación, lo mejor será que la practique diariamente hasta que se convierta en un respirador consciente, es decir, que pueda recordar en cada respiración su conexión íntima e inseparable con el Espíritu único que todo lo mueve. Solamente es necesario hacer la decimocuarta respiración una vez al día. A partir de ella, usted puede recordar la respiración a través de su tubo interior, recreando su esfera en cualquier momento del día.

Esta esfera de prana forma también un campo muy poderoso de protección en torno a usted, sólo inferior al del merkaba. Como consecuencia de ello, su sentimiento de seguridad y confianza se verá incrementado.

Es importante que en esta meditación se visualice de forma clara el tetraedro masculino durante la inhalación y el femenino durante la exhalación de las seis primeras respiraciones (esto es válido tanto para hombres como para mujeres), llena cada una de ellas con una brillante luz blanca, o prana. A mí me ha resultado muy útil construir un modelo, de forma que pueda introducir en él los dos tetraedros y comprobar cómo me encuentro en su interior. Siempre he tenido más problemas para visualizar el tetraedro masculino. Tenía una cierta tendencia a confundirme a la hora de establecer los puntos de la base. Resolví el problema construyéndome una especie de base de tienda de campaña. La coloqué en el suelo en forma de triángulo equilátero, de manera que constituye-ra la base del tetraedro. Después hice pasar una cuerda por los tres vástagos de la base, y levanté los extremos alzándolos sobre mi cabeza, de modo que formara el vértice del tetraedro. La longitud de todos los lados del tetraedro era igual a mi altura, o bien igual a la distancia de mis brazos extendidos. Esto me ayudó a tener una visión clara del tetraedro masculino y, como consecuencia, mejoró notablemente la calidad de mi meditación.

También me resultó de utilidad trazar con las manos la figura del tetraedro antes de empezar la meditación, y a lo largo de las seis primeras meditaciones. En otras palabras, empecé por trazar el tetraedro masculino, primero la base y después los lados, eleván-dolos sobre mi cabeza. De esta forma me parecía que quedaba inserto en la figura. También tracé la base del tetraedro femenino en mi plexo solar. Después visualicé el punto de la base a mi espal-da, y los lados que bajaban para formar el vértice en el suelo.

Es necesario conocer con claridad la relación que mantiene usted con la estrella tetraédrica, mientras se encuentra ya sea de pie o sentado. El vértice del tetraedro masculino estará siempre un palmo por encima de su cabeza, ya se encuentre usted de pie o sentado. Recuerde que si está usted de pie, la base del tetraedro masculino se halla exactamente por encima de su rodillas. Si por el contrario se encuentra sentado, la base desciende de forma pro-porcionada. Esto significa que si usted se encuentra sentado en una silla, la base se hallará en el suelo o muy cerca de él. Si está sentado en el suelo, la mitad del tetraedro masculino, aproxima-damente, también se hallará en el suelo.

La base del tetraedro femenino se encuentra siempre en el plexo solar, tanto si está usted de pie como si está sentado. Si se encuentra de pie, el vértice del tetraedro se hallará un palmo por debajo del suelo. Si está sentado en una silla, el vértice descenderá en proporción; y si está sentado en el suelo, al igual que sucedía en el caso anterior, más de la mitad del tetraedro femenino se hallará en el suelo.

A medida que usted va practicando esta meditación, se incre-mentará su capacidad para «ver» los tetraedros, la luz blanca, el tubo interior y las esferas.

Cuando empecé mis ejercicios tenía muy poca habilidad para visualizar los tetraedros. Solamente podía sentir el tubo interior y la bola de prana que iba creciendo delante de mí. La cosa era un poco mejor en lo referente a la luz. Pero todo ello ha mejorado hasta el punto de que todos estos campos energéticos forman ahora parte de mí; son como una prolongación de mi cuerpo y de mi ser.

El practicar la geometría sagrada me ha ayudado inmensamente. Me he dado cuenta de que la única forma de ir introduciéndose en ella es trazando los correspondientes dibujos; realmente no creo que haya otra manera de conseguirlo.

La geometría sagrada no sólo me ha ayudado en la meditación, también ha facilitado mucho la integración de mis dos hemisferios cerebrales, a fin de conseguir la unidad del espíritu eterno.

Una forma de explicar esto es que he logrado incrementar notablemente mi capacidad para experimentar cada una de las experiencias de mi vida como una oportunidad que se me ofrece, y no como algo que debe evitarse o hacerse de forma errónea. Esta manera de pensar lleva a un aumento de la atención, y de la comprensión de que todas las cosas despliegan sus posibilidades ante mí, y que yo puedo hacer exactamente lo que necesito en cada momento.

Una cosa es saber todo esto de forma intelectual, y otra muy diferente es hacer de ello una experiencia viva. Para mí esto constituyó la pieza que faltaba.

El tiempo que se necesita para dominar los ejercicios respiratorios –es decir, para recordar en cada respiración su íntima relación con el origen de la vida– varía de una persona a otra. Drunvalo dice que ha tenido que recibir la ayuda de sus propios ángeles, y que le llevó doce años dominar todo el proceso. En mi caso, he venido haciendo estos ejercicios de meditación diariamente durante diecinueve meses, y sólo muy recientemente añadí las tres respiraciones siguientes para crear el merkaba.

A fin de poder llevar a cabo estas tres respiraciones, le será necesario recibir la autorización de su yo superior. Las respiraciones quince a diecisiete son las que crean los campos anti rotatorios del movimiento del merkaba. No las he incluido aquí porque todavía no las domino. Al principio pensé que puesto que yo sabía más de la respiración consciente (rebirthing) que la mayoría de la gente, podría introducirme inmediatamente en el merkaba. Pero no era así.

Comprobé que me había llevado entre dieciséis y diecisiete meses dominar las primeras catorce respiraciones, y que todavía me encuentro en ese trabajo. He realizado grandes progresos. Soy cada vez más consciente del campo de energía que envuelve mi cuerpo, y de la enorme cantidad de seguridad y protección que ello proporciona. También he logrado combinar esta meditación respiratoria con mis ejercicios de rebirthing. Ahora, cuando practico el rebirthing siempre tomo el prana desde la cúspide de mi cabeza, de modo que pueda pasar a través de la glándula pineal, al tiempo que también atraigo la corriente pránica que asciende desde el perineo. Todo esto ha constituido un proceso gradual. Cuando empecé, apenas si tenía algo más que una dosis de fe y un serio compromiso. Ahora me resulta evidente que he logrado incrementar notablemente mi capacidad para practicar los ejercicios de rebirthing conmigo y con los demás. Siento despierta mi glándula pineal, y cada vez «veo» con más nitidez la luz. La unidad del ser se está convirtiendo para mí en una presencia viva. Me estoy transformando en un respirador consciente, es decir, que soy capaz de recordar en cada respiración mi conexión íntima con toda la vida.

A fin de que usted pueda aprender de forma adecuada la meditación de la decimocuarta respiración, le aconsejaría el seminario de la «flor de la vida». En él recibirá la ayuda necesaria por parte de monitores entrenados. También obtendrá las respuestas adecuadas a sus preguntas, y tendrá tiempo abundante para realizar sus ejercicios.

Además se le enseñará la práctica de las respiraciones decimoquinta a decimoséptima. Estas respiraciones son las que activarán su merkaba.

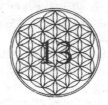

El Experimento Filadelfia

Al menos, y de una forma superficial, el Experimento Filadelfia (conocido oficialmente como Proyecto Arco iris) representó el experimento militar de máximo secreto con el que se intentó volver invisible un acorazado. ¡Sí, invisible! ¿Ha visto usted la película del mismo título? El experimento tuvo lugar en ·1943, en medio de la Segunda Guerra Mundial.

Hacer invisible un acorazado no resulta, en el fondo, muy difícil de conseguir. Todo lo que usted tiene que hacer es llevarlo al siguiente supertono dimensional, y se convertirá en invisible para todos los que se encuentren en este nivel dimensional. Drunvalo dice que es algo que puede hacer cualquiera. Es el recurso que tienen los Klingons para pasar desapercibidos. La tecnología necesaria para llevar a cabo el Experimento Filadelfia nos llegó de los Grises. Necesitábamos un sistema de «invisibilidad» para ganar la guerra, pero ellos tenían muy distintas razones para proporcionarnos esa tecnología, de lo cual hablaré más adelante.

Para hacer invisible algo, o para entrar en un supertono dimensional más alto, es necesario crear campos energéticos antirrotatorios a velocidades muy concretas. En el experimento, los científicos del Gobierno consiguieron campos antirrotatorios basándose en una estrella tetraédrica. Cuando se pasa de un mundo dimensional a otro, los campos antirrotatorios se disparan desde una velocidad que va del 90 por ciento de la de la luz, a su velocidad actual, lo que incluye series extremadamente complejas de números armónicos que se van construyendo unos a otros. El efecto visual de este proceso es que el espacio que nos rodea se convierte en una especie de niebla roja que toma la forma de un platillo volante. Los colores van adquiriendo muy rápidamente todos los tonos del arco iris, del rojo al naranja, al amarillo y al verde, del azul al púrpura y al púrpura ultravioleta, y después a una luz blanca cegadora que va decreciendo lentamente. Cualquier objeto parece como si estuviera hecho de oro; poco a poco se va haciendo translúcido y luego transparente. En ese momento se puede ver a través de los objetos. Después, se entra en una gran oscuridad; en ese punto se hace un giro de 90 grados, que se realiza en dos movimientos de 45 grados. Los distintos mundos dimensionales se encuentran separados por ángulos de 90 grados. Tras este cambio de 90 grados, se reaparecerá en un mundo completamente nuevo, perteneciente a otro nivel dimensional.

El Experimento Filadelfia, al margen de lo que en realidad pudiera hacerse, constituye un episodio real efectuado por la Marina de los Estados Unidos en 1943, que tuvo como objeto el acorazado *Eldridge*. Los científicos que trabajaban en el proyecto trataban de que el acorazado se hiciera solamente invisible al radar. En este experimento los colores iban del rojo al naranja, y de éste al amarillo y al verde. Este proceso no llevó mucho tiempo, pero nunca se pasó de ahí. Fue algo parecido a como si se cogiese un reactor, se le hiciese volar a unos cuantos centenares de metros del suelo y, de repente, se le apagasen los motores. Dicho de otro modo, el experimento estalló entre dos dimensiones. El acorazado, con todos sus ocupantes, desapareció del campo de observación que la Marina tenía en Filadelfia, durante casi cuatro horas. Cuando reapareció, algunos de los tripulantes estaban literalmente empotrados en el casco, otros dos fueron encontrados en las mamparas, algunos estaban ardiendo, otros desaparecieron para siempre, y otros sufrían repetidos procesos de materialización y desmaterialización. En todo caso, todos los supervivientes se encontraban en un comprensible estado de desorientación.

Dos de los marineros del acorazado saltaron al agua en pleno experimento, pensando que podrían alejarse de todo aquello nadando, pero cuando llegaron a tierra se encontraron con que lejos de estar en el puerto de Filadelfia, se hallaban en Long Island, Nueva York, y en el año 1983. La explicación de lo sucedido es que en esta última fecha se había llevado a cabo un experimento similar, denominado Proyecto Montauk[1] y que estaba en conexión con el Experimento Filadelfia de 1943. Los dos marineros eran hermanos, y se llamaban Duncan y Edward Cameron. Ambos experimentos se habían llevado a cabo el 12 de agosto de los años citados. Según Al Bielek, quien pretende ser Edward Cameron, uno de los dos hombres que saltaron al mar del USS Eldridge[2] hay cuatro biocampos del planeta, y los cuatro surgen cada veinte años, justamente el 12 de agosto: 1943, 1963, 1983, 2003, etc. Esto genera un brote de las energías magnéticas en esas fechas, que sirvió para unir los dos experimentos. Las energías fueron suficientes para crear un campo de hiperespacio – lo cual ocasionó que el acorazado cayera en él– durante el experimento de 1943.

Al Bielek afirma que el nexo de unión de ambos experimentos, que produjo un enorme agujero en la dimensión espacio tiempo, fue causado por los Grises que trabajaban en el experimento de 1983. Lo hicieron para originar una hendidura en la fábrica del espaciotiempo, de manera que un gran número de alienígenas pudieran penetrar en nuestra dimensión. Evidentemente, se tuvo que hacer semejante hendidura para permitir la entrada de grandes embarcaciones y llevar a cabo una masiva (silenciosa) invasión de los Estados Unidos. Esa invasión fue la responsable del tratado entre el gobierno de los Estados Unidos y los Grises. En un tiempo lineal, el Proyecto Montauk de 1983 sucedió veinte años después del Experimento Filadelfia de 1943, pero este experimento originó una modificación temporal en la que deja de tener vigencia la forma en que concebimos nuestro tiempo lineal.

Drunvalo ha dicho que se encontró con Duncan Cameron a través del entrenador de los New York Jets, Pete Carroll. También se entrevistó con un antiguo empleado del gobierno, Preston Nichols, que había trabajado como ingeniero en el Proyecto Montauk. Duncan pudo ver los campos rotatorios en torno a Drunvalo, algo que muy pocos pueden ver, y Drunvalo pudo, a su vez, ver también los campos rotatorios alrededor de Duncan, aunque se encontraban desequilibrados.

Se utilizó la espina dorsal de Duncan para mover los campos magnéticos, tanto en el Experimento Filadelfia como en el de Montauk. Esto es lo que hacen otras especies vivientes, como las ballenas y los delfines, por ejemplo. El jefe o cabeza de la manada utiliza su espina dorsal para establecer a su alrededor un campo electromagnético, y todos los demás miembros de la manada se conectan con aquel campo. Es como si hubiera un cuerpo con muchas células separadas. Todo lo que haga el jefe es seguido por el resto. Esto explica el fenómeno de las ballenas que encallan en las playas; si la ballena jefe encalla por cualquier razón, todas las demás la seguirán. Actúan como si todas ellas pertenecieran a un único cuerpo.

En cualquier caso, Duncan Cameron fue utilizado en los dos experimentos. El agujero en el espacio-tiempo había originado enormes vórtices de energía en la cuarta dimensión, lo cual, según Drunvalo, es algo que preocupa mucho al Gobierno. Si tales vórtices energéticos aparecieran en nuestra dimensión, podrían quedar destruidas vastas zonas de nuestro planeta, o incluso todo él. Sin embargo, Drunvalo asegura que los seres superiores no se encuentran preocupados por tal posibilidad; según ellos, no hay problema alguno.

Los monumentos de Marte

Fueron los Grises, y no el Gobierno americano, los que llevaron a cabo estos experimentos temporales. Y ni siquiera fue el Gobierno el que siguió las instrucciones de su jefe, sino una organización denominada «el gobierno secreto». Tampoco se realizó el Experimento Filadelfia para hacer invisible un buque de guerra, aunque ésa fue la justificación. Los Grises tenían en mente proyectos de mayor envergadura, relacionados con Marte. Recuérdese que hace un millón de años sus antepasados habían tenido éxito al realizar un experimento casi idéntico. De hecho, dejaron una serie de monumentos en Marte que lo describían de forma matemática. Dichos monumentos fueron fotografiados por primera vez por la nave *Viking* de la NASA, en 1976.

151

Las fotografías del *Viking* muestran lo que parece un rostro sobre Marte, en una zona conocida como Cydonia. El *Viking* también fotografió una pirámide de cinco lados, varias de cuatro y otros diversos objetos.

Algunas personas, entre las que se encuentran Vincent di Pietro y Gregory Molenaar, subcontratistas de la NASA, y, posteriormente, Richard Hoagland,[3] consiguieron las fotografías del *Viking* y las publicaron. Después de haber interpretado las fotografías de los monumentos marcianos, que la NASA se mostraba tan reticente en reconocer, Hoagland, conjuntamente con el geólogo Erol Torum, empezó a investigar la geometría de los objetos fotografiados. A medida que iba haciéndose con mayores conocimientos sobre la ciencia de la geometría sagrada y estudiaba las figuras en profundidad, descubrió que los ángulos entre las pirámides describían de forma matemática y con gran detalle un tetraedro inscrito en una esfera. Cuando se tiene un tetraedro inscrito en una esfera con el ápice situado en un polo, la base tocará la esfera a 19,47 grados (que pueden redondearse en 19,5) de la latitud opuesta a aquel polo. Si se tiene una estrella tetraédrica (dos tetraedros juntos por la base) inscrita en una esfera, ambas bases tocarán la esfera a 19,5 grados norte y sur (figura 13-1). Richard Hoagland descubrió que este tipo de ángulo se repetía una y otra vez en las figuras de las pirámides de Marte. Esto demostraba, evidentemente, que dicho ángulo tenía una notoria significación.

Richard Hoagland también estudió las figuras de Júpiter, Saturno y Neptuno, tomadas por distintas naves anónimas de la NASA. Descubrió que la mancha roja de Júpiter se encontraba a 19,5 grados de latitud. La gran mancha negra de Neptuno está también a 19,5 grados de latitud, y los investigadores creen que también hay otra mancha similar en Urano a 19,5 grados de latitud sur. En Saturno hay dos bandas de nubes a 19,5 grados de latitud norte y sur. Además, cuando se denota actividad en las manchas solares, su foco primario parece encontrarse a 19,5 grados latitud norte y sur. Así pues, existen mayores concentraciones de energía planetaria a 19,5 grados norte-sur. En la Tierra, el volcán Maunakea, en las islas Hawai, se encuentra a 19,5 grados latitud norte.[4]

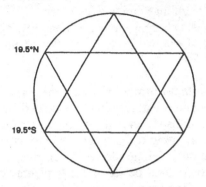

19.5°N

19.5°S

Figura 13-1. Estrella tetraédrica inscrita en una esfera.
Las dos bases tocan la esfera a 19,5° de latitud norte-sur.

Según Drunvalo, existen tres campos de estrellas tetraédricas en torno a todos los planetas, que se encuentran girando y creando campos electromagnéticos. Tanto la NASA como Hoagland trabajan solamente en uno de esos campos.

La NASA no desea que conozcamos el descubrimiento de las pirámides marcianas, y ha hecho cuanto está en su mano para ridiculizar a quienes se muestran interesados por el asunto, incluso si forman parte de su propia organización. ¿Por qué tiene la NASA tanto interés en que no lo sepamos? Esto tiene que ver con el llamado gobierno secreto, los Grises y los cambios de la Tierra, de los que hablaremos más adelante.

Máquinas de energía libre

Existen actualmente máquinas que trabajan con energía libre, y que basan su tecnología en los campos de energía rotatoria. Una de ellas recibe el nombre de máquina N, la cual, según Drunvalo, está funcionando en la India y cuyo trabajo será publicado en breve. Estas máquinas pueden proporcionar un suministro de energía virtualmente infinito, por unos cuantos cientos de dólares. Este tipo de máquinas jamás se estropea.

Nikola Tesla, hace ya mucho tiempo quiso universalizar la energía libre. George C. Andrews escribe en *Extra-Terrestrial Friends and Foes*:

> Tesla intentó ofrecer al mundo un tipo de energía libre e inextinguible, extrayendo electricidad de la tierra y la atmósfera, y transmitiéndola por medio de ondas, igual que se hace con la radio. Pero este invento, como era de esperar, no fue muy del agrado de los magnates industriales ni de los propietarios de las grandes plantas eléctricas, por no mencionar a los reyes del petróleo. En 1910 el pobre Tesla fue objeto de burla, y se presionó a las personas que le apoyaban financieramente para que le obligaran a que devolviese inmediatamente el dinero invertido. Considerado como un lunático, abandonado por todos, y completamente arruinado, Nikol Tesla murió en los Estados Unidos, en 1943.[5]

Así pues, está claro que los poderes fácticos no deseaban que se conociera la existencia de las máquinas de energía libre, pero eso era algo inevitable. Según Drunvalo, ya han sido presentadas a las Naciones Unidas, y ahora sólo es cuestión de tiempo el que esta información sea del dominio público.

Venus

Drunvalo dice que hay otra serie de monumentos en Venus, que también son conocidos por la NASA. En enero de 1985, la NASA descubrió en Venus un conjunto de monumentos idéntico al existente en Gizeh, en Egipto: tres pirámides y una esfinge exactamente iguales. Existen casi doscientas fotografías de este conjunto de Cyterea. Drunvalo afirma haber hablado directamente con algunas personas que conocen el asunto.

El Comité de Salud Mental de los Estados Unidos, un comité formado por doce personas al que la NASA consulta siempre que surge alguna evidencia de que hay vida en otros planetas, permitió que esta información sobre Venus se publicase en

154

1985. Lo cual quiere decir que la NASA estaba obligada a hacerlo, por ley.

La NASA tuvo que permitir que esa información se radiase. Pero se hizo sólo una vez y por una única emisora de Florida. Eso fue todo. Naturalmente nadie la creyó. Al dejar que la información se hiciese pública, la NASA había cumplido con el requerimiento legal y, a partir de ese momento, pudo suprimir cualquier información ulterior sobre el tema.

Inmediatamente después de que se produjese este incidente, la NASA envió una nave espacial a Venus y cartografió casi el 90 por ciento de su superficie, en un intento por descubrir qué otras cosas había allí. Evidentemente, las investigaciones se realizaron bajo un aspecto tridimensional, ya que nadie sabía cómo efectuar estudios cartográficos en la cuarta dimensión. Pero cuando se va a un planeta es necesario sintonizar con el nivel dimensional que existe en él si se quiere encontrar algo interesante, pues sólo están vivos ciertos niveles dimensionales. En Venus, por ejemplo, no existe vida en la tercera dimensión.

No obstante, en la cuarta dimensión Venus se halla muy bien poblado y resulta un planeta atractivo. Se encuentra habitado por la raza de los Hathor, la más avanzada e inteligente de todo nuestro sistema solar. Los hathor se hallan mucho más avanzados que nosotros, que los Grises y que los Nefilim.

Los Hathor son seres de conciencia crística. Miden unos seis metros y basan toda su ciencia en las corrientes sonoras que emiten desde la garganta. Son seres de luz pura y sumamente amorosos. Han trabajado con los antiguos egipcios y con nosotros durante mucho tiempo. El complejo de pirámides existente en Venus tiene mucho que ver con las idas y venidas de los Hathor y los egipcios, que tuvieron abundantes contactos entre ellos.

También existe este mismo tipo de complejos monumentales en la Luna, llevados a cabo tanto por antiguos egipcios como por miembros del llamado «gobierno secreto» de nuestros días. En la cara oculta de la Luna hay tres pequeñas bases. El secreto Proyecto Clementine, llevado a cabo por el SDI, una rama filial de la NASA, incluía el lanzamiento de una nave espacial a esta parte de nuestro satélite, el mismo día de 1994 en que el presidente Clinton pronunciaba su discurso sobre el estado de la Nación.

Pero permítaseme que vuelva de nuevo al Experimento Filadelfia, y a la verdadera razón por la que los Grises querían realizarlo. Cuando la atmósfera marciana estuvo a punto de destruirse, los marcianos (es decir, los antepasados de los actuales Grises) construyeron un complejo en Cydonia con objeto de crear un merkaba externo, un vehículo espaciotemporal que les permitiese proyectarse en el futuro. Y no sólo construyeron este complejo en Cydonia para mostrar de forma matemática cómo lo habían hecho, sino que dicho complejo fue también el mecanismo que utilizaron para hacer el merkaba. Esto sucedió hace, como mínimo, un millón de años terrestres, según Toth. Los marcianos tuvieron éxito y se proyectaron hacia la Atlántida, hace unos 65.000 años terrestres.

Los descendientes de los marcianos intentaron repetir el experimento hace 16.000 años, pero en esta ocasión perdieron el control del mismo y produjeron grietas en los niveles dimensionales que permitieron la llegada a la Atlántida de espíritus procedentes de niveles inferiores, que se instalaron en el cuerpo de los habitantes de la Atlántida.

Drunvalo ignora cuántos otros experimentos de este tipo llevaron a cabo los Grises, pero lo que sí es cierto es que realizaron uno en 1913. Lo volvieron a repetir en 1943, con el Experimento Filadelfia, y en 1983 con el Proyecto Montauk. Todavía habrá de producirse un experimento más en el futuro.

Al Bielek, que afirma haber participado en el Proyecto Montauk, dijo que los científicos que trabajaban en el citado proyecto desarrollaron la tecnología necesaria para desplazarse con facilidad en el tiempo. Podían retroceder en el pasado o proyectarse en el futuro, a su antojo. Drunvalo difiere un poco de esa afirmación. Según él, esos científicos podían regresar en el tiempo hasta un millón de años, punto en el que se encontraban con una especie de muralla. También podían avanzar en el tiempo hasta el año 2012, fecha en la que también se encontraban con otra muralla. La razón de la existencia de tales obstáculos es que el primer experimento se realizó hace un millón de años, por lo que los Grises no pueden ir más allá en el tiempo, y tampoco pueden sobrepasar el año 2012 en el que se llevará a cabo el último experimento. Esto es debido a que todos estos experimentos se hallan interconectados, no sólo el Experimento Filadelfia y el Montauk, sino todos ellos.

Los Grises están intentando resolver ciertos problemas, y se les ha concedido por parte de las entidades superiores vitales carta blanca para hacerlo. La vida está creando siempre situaciones beneficiosas para todos; no sólo en lo que concierne a los Grises. Continuamente crea procesos que puedan ser útiles para todos los seres.

Mutilaciones de ganado

Otro de los aspectos que tiene que ver con los experimentos efectuados por los Grises en nuestro planeta, es el de las mutilaciones de ganado. El motivo de que los Grises hicieran este tipo de mutilaciones –y me doy cuenta de que estoy empleando gramaticalmente el tiempo pasado– fue el querer comprender la energía sexual. Hace mucho tiempo que los Grises dejaron de ser seres sexuados, realizando su reproducción exclusivamente por medios artificiales.

Durante los últimos veinte años se han producido miles de casos de mutilaciones de ganado (y de otro tipo de animales) en todo el mundo. Linda Moulton Howe, una de las primeras investigadoras de este tipo de incidentes, tuvo un programa especial dedicado a estas mutilaciones en la cadena de televisión ABC, denominado «La extraña cosecha»; también escribió un libro sobre el tema, *An Alien Harvest*.[6]

Al principio creyó que el causante de estos incidentes era el propio Gobierno de los Estados Unidos, pero tras llevar a cabo nuevas investigaciones llegó a la conclusión de que tenía que haber sido alguien que poseyera una tecnología más avanzada que la nuestra. Descubrió que las incisiones eran de una gran precisión, efectuadas por algún aparato láser, que no estaba todavía a nuestro alcance científico. Más aún, las vacas se encontraban tumbadas en el suelo, y de ellas se habían extraído todos los leucocitos, una técnica que todavía nos es desconocida.

Los Grises realizaron también abducciones con seres humanos y efectuaron con ellos una serie de experimentos, en cantidad mucho mayor de la que había sido regulada en el tratado firmado con el Gobierno americano. Tales procedimientos iban encaminados a conocer de nuevo el comportamiento de nuestra energía emocional y sexual. Según Drunvalo, los Grises ya han abandonado la Tierra, de modo que es de esperar que tales abducciones hayan llegado a su fin.

Los Grises se han dado cuenta de que para salir de la trampa que ellos mismos crearon al separarse del origen de la vida, necesitan volver a sus cuerpos emocionales. Desgraciadamente, el único camino que conocen para hacer esto es el de estudiarnos bajo un prisma intelectual, lo que nunca dará buenos resultados.

Originariamente, los Grises fueron creados de forma muy parecida a la nuestra, con sus cuerpos emocionales intactos. Fue su adhesión a la rebelión luciferina la que los separó de la realidad de la unidad. Se entregaron a grandes avances tecnológicos, cosa que no funcionó. Eso es algo que ha sido intentado muchas veces en el universo, pero siempre con resultados desastrosos. La construcción de aeronaves que pueden viajar por las estrellas, o robots que son capaces de hacerlo todo, siempre les quitó parte de su capacidad emocional, ya que ésta constituye la principal fuente de poder de estos mecanismos.

Usted puede crear un merkaba de forma externa. Para ello sólo se necesitan conocimientos, y no son necesarios ni sentimientos, ni amor, ni emociones. Pero entonces lo que usted construye es simplemente un platillo volante. Todos los platillos volantes se basan en los principios del merkaba externo. El problema es que esto le separa del origen de la vida, y terminará perdiendo su cuerpo emocional. Cuando usted produce de forma externa el merkaba, no necesita emplear ninguna emoción, no es necesario que utilice ningún amor. No es imprescindible nada de lo que pertenece al cuerpo emocional. Sólo se necesita la mente. De este modo lo que se termina creando es una criatura que sólo conoce la lógica y desconoce el cuerpo de las emociones.

Existe otro problema con este tipo de merkaba exterior: hay unos límites para su ascensión dimensional. Las estrellas-puerta de las dimensiones más altas, fueron creadas intencionadamente para que se necesitase la emoción, si se quería pasar por ellas. Éste es un detalle que olvidó Lucifer; ese Lucifer que fue el cuarto ángel que se separó de Dios, y que intentó rehacer la Creación sobre un modelo externo.

Hace un millón de años Marte se encontraba en los últimos espasmos de su agonía, debido a los efectos de una anterior rebelión de tipo luciferino. Como consecuencia de todo ello se habían destruido muchos planetas e inmensas áreas espaciales. Los marcianos pudieron sobrevivir, pero a costa de carecer de cuerpo emocional o capacidad para amar. Habían basado toda su existencia en la lógica, y de este modo acabaron por destruir su planeta. Cuando se proyectaron en el tiempo hacia la Atlántida, trajeron con ellos su propia enfermedad a la Tierra.

La presente rebelión luciferina empezó en la galaxia hace aproximadamente doscientos mil años. Los Grises representan la quintaesencia de tal rebelión. Ahora existen en cientos de planetas de la galaxia, si bien se encuentran más concentrados en Alnilam, la estrella central del cinturón de Orión. Están vinculados también con los marcianos, que fueron sus antepasados. Los Grises constituyen una raza sin cuerpo emocional, que está pereciendo debido al terrible fallo que significó el establecer todo su proceso creativo en el merkaba externo. Se encuentran atrapados en su presente nivel de existencia. No pueden ascender ni pasar a la siguiente octava de existencia, debido a que se han separado de la realidad, hasta tal punto que ni siquiera saben lo que es el amor. Lo cual quiere decir que no pueden «sentir» su propio camino en el proceso de la creación. Ahora se están dando cuenta de su problema; lo comprenden intelectualmente, pero no saben cómo cambiarlo.

Mediante sus experimentos sexuales con humanos, los Grises intentaron mezclarse, o poner su esencia en nuestra especie, de forma que algo suyo pudiera sobrevivir. Clonaron otra raza en este planeta, a través de la cual esperan que sobrevivan sus genes. Como son grandes expertos en clonación, han estado realizando intensos experimentos durante mucho tiempo con los humanos. Han hecho repetidos modelos experimentales de humanos, en busca del tipo perfecto. El motivo, como ya se ha dicho, es que saben que constituyen una raza en extinción. Sus experimentos con humanos son un intento para preservar algo de sí mismos, mediante la creación de un híbrido medio Gris medio humano. No obstante, son conscientes de que no van a conseguirlo, que su particular forma de vida está a punto de concluir. El universo ha permitido que los Grises hagan eso, porque todos nosotros en el planeta Tierra nos encontramos profundamente involucrados con ellos desde que los marcianos llegaron a la Atlántida.

Hay, por lo menos, otras cinco razas extraterrestres que intervienen en este drama. Por ejemplo, otros seres dimensionales están tratando de asegurarse de que los Grises no volverán a caer en el mismo error cometido en el pasado. De hecho, según Drunvalo, no hace mucho intentaron eliminarnos abriendo demasiado rápidamente el nivel de la cuarta dimensión. Si su intento hubiera tenido éxito, habríamos desaparecido.

El ascenso a otros niveles dimensionales debe hacerse de forma lenta y orgánica. Cuando los Grises intentaron forzar dicho proceso, establecieron una red en torno a la Tierra, y abrieron una ventana dimensional. Esa ventana tenía la facultad de obrar en dos sentidos. Por tanto, y a fin de asegurarse de que los maestros iluminados de la Tierra no los detendrían, hicieron la ventana sumamente pequeña, y asimismo abrieron boquetes en la red que cubría todo el planeta. No obstante, utilizando la fuerza del amor, los maestros pudieron cerrar con luz las grietas existentes. Los Grises permanecieron totalmente silenciosos durante tres meses.

Esto sucedió hace unos tres o cuatro años, y los Grises comprendieron que habían perdido su última oportunidad. Se dieron cuenta de que nuestra conciencia humana estaba a punto de obtener el control sobre lo que podría denominarse el «sopor» del planeta. Esto fue lo que sucedió cuando aquella mujer de Perú alcanzó la conciencia crística, alzó la nave que había estado sepultada en la tierra y lanzó su hechizo sobre los Grises. Cuando tal cosa sucedió ya no albergaron dudas de que quienes controlaríamos el planeta habríamos de ser nosotros y no ellos.

Con respecto a la rebelión de Lucifer hay un punto, al que ya anteriormente me referí, pero sobre el que quiero insistir, y es que el hecho de considerar que todo esto es bueno o malo, es algo que corresponde a nuestra limitada interpretación de las cosas. Nos encontramos inmersos en la tercera dimensión, y vivimos por tanto una conciencia de polaridad. Sin embargo, desde un nivel más elevado de existencia, todo esto no es más que un proceso orgánico que tiene un aspecto ambivalente, que puede ser tanto bueno como malo. Todo tiene su sentido, y está concebido para llevarnos a algún sitio.

Notas

1. Preston B. Nichols y Peter Moon, *The Montauk Project, Experiments in Time* (Westbury, Nueva York: Sky Books 1992).
2. Al Bielek y Vladimir Terziski, «El experimento Filadelfia y otros experimentos de viajes en el tiempo de los Iluminados», vídeo de 120 minutos (The American Academy of Dissident Sciences, mayo de 1992).
3. Richard C. Hoagland, *The Monuments of Mars: A City on the Edge of Forever* (Berkeley, CA: North Atlantic Books, 1987).
4. Richard C. Hoagland, «Hoagland's Mars: The NASA-Cydonia Briefings», Volumen uno, vídeo de 83 minutos (Hoagland y Curley, 1991).
5. George C. Andrews, *Extra Terrestrial Friends and Foes* (Libum, GA: Illumini Net Press, 1992) p. 211.
6. Linda Moulton Howe, *An Alien Harvest: Further Evidence Linking Animal Mutilations And Human Abductions To Alien Life Forms* (Littleton, CO: Linda Moulton Howe Productions, 1989).

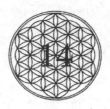

1972

Para empezar esta historia es necesario que regresemos a la época en que Toth y otros maestros iniciados estuvieron creando de forma sintética la red de conciencia crística en nuestro planeta, para salvarnos de lo que había sucedido entre los marcianos y los habitantes de la Atlántida. Cuando estos maestros iniciaron la construcción de la red, hicieron un agujero en ella, a la altura de Egipto, que se conectaba con la llama de la vida en las Estancias de Amenti, y activaron su geomancia con puntos sagrados sobre todo el mundo. Los maestros calcularon que entra- ríamos en la cuarta dimensión en el invierno de 1998, si bien sólo unos pocos humanos lo conseguirían. No hay nada inusual en la creación sintética de una red de conciencia crística. Aparentemente se realiza sobre un fundamento normal, es decir, elevando o reduciendo los niveles dimensionales planetarios. En el resto del universo no se presta atención a un experimento de este tipo, ya que carece de importancia.

Sin embargo, hace doscientos años los habitantes de Sirio, quienes constituyen nuestro aspecto paterno, empezaron a pensar que había muchas posibilidades de que no lo lográramos. Previeron un acontecimiento que habría de suceder en 1972, y comprendieron que para sobrevivir a él tendríamos que encontrarnos, para entonces, en la cuarta dimensión. Por tanto, si en 1972 estábamos en ese nivel dimensional, no habría problemas; pero si no, la vida de todo el planeta quedaría extinguida. Y, a medida que iba pasando el tiempo, daba la impresión de que no lograríamos alcanzar ese necesario nivel de conciencia. Los habitantes de Sirio no deseaban nuestro exterminio. En cierto sentido somos como sus hijos, y ellos sienten hacia nosotros una especie de amor paternal. Así que empezaron a investigar alguna forma de solucionar el problema, pero no tuvieron éxito. No había modo alguno de que un planeta que se encontrara a nuestro nivel de conciencia pudiera soportar los cambios que se le avecinaban. Siempre que había sucedido algo parecido, el planeta había quedado destruido. No obstante, los habitantes de Sirio continuaron en sus pesquisas y, finalmente, descubrieron que en una galaxia lejana se había concebido una idea que podía funcionar, pero que nunca se había puesto en práctica. No había una total certeza de que nosotros pudiéramos llevarla a la práctica –la conciencia cósmica puede, y de hecho lo hace, fallar–, pero los siríacos ya se habían hecho a la idea de lo peor. Así pues, continuaron con su proyecto y prepararon todo lo necesario para llevar a buen término la idea o el experimento que habían diseñado.

Crearon un vehículo viviente que tenía una longitud de cincuenta millas, forma de cigarro puro, color negro, fabricado en una sola pieza, a base de una sustancia viva, mezcla de carbón y silicona. Todo el aparato constituía una unidad de vida consciente. Tenía una zona transparente en uno de los extremos, y estaba manejado por doscientos o trescientos tripulantes, hombres y mujeres, de la raza siríaca pertenecientes al tercer planeta. Vestían uniformes blancos con emblemas dorados. Tras dedicar al proyecto todo el tiempo necesario, los siríacos habían construido también ocho pequeños platillos volantes que no estaban tripulados. Estas naves tenían aproximadamente entre cuatro y siete metros de longitud. Prepararon este equipo de forma conjunta, comprobaron todas sus posibilidades, y se pusieron a esperar.

Mientras tanto, Drunvalo regresó a la Tierra en los primeros meses de 1972 y se dirigió inmediatamente a Canadá. Tenía que mantener una entrevista secreta con un hombre llamado David Suzuki. Suzuki es un personaje con una elevada preparación científica que trabaja a niveles muy diferentes. Realizó estudios genéticos no sólo a través del microscopio, sino también mediante cálculos astronómicos con el telescopio. Él cree en el principio de que «como es arriba es abajo». Si uno estudia las grandes cosas, se pueden ver los movimientos con mayor claridad. Y él había estudiado el movimiento de los asteroides y aplicado sus observaciones a la genética.

Suzuki también estaba interesado en la actividad solar, y tenía un equipo de trabajo que vigilaba continuamente las incidencias que ocurrían en la superficie del Sol. Estaba al tanto de que en 1950 unos investigadores habían observado un fenómeno del que no había precedentes. Una espiral de luz procedente del Sol se había desplazado a gran velocidad hacia la Tierra. No se tenía ni idea de lo que esto pudiera ser, pero era una señal de que algo extraño estaba ocurriendo.

A medida que la Tierra gira sobre su eje, este eje también se mueve creando distintos ciclos, uno de los cuales lo constituye la precesión de los equinoccios, con una duración de 25.920 años. Otro movimiento es el que se forma al inclinarse el eje, en una oscilación hacia adelante y hacia atrás, que dura 46.000 años. Hay además otros movimientos oscilatorios, de los cuales uno en particular dura catorce años. Según Suzuki, en 1950 nos encontrábamos en el punto más alejado de este movimiento. Cuando la espiral luminosa se acercó a la Tierra, el área sometida a la oscilación empezó a ensancharse, retrasándose el movimiento del planeta. A los investigadores les llevó catorce años de trabajo el poder determinar que estos cambios en el movimiento oscilatorio producirían un cambio de polaridad, que como consecuencia iba a dar a la Tierra un nuevo polo norte y polo sur. En 1964 estaban casi seguros de que se produciría el fenómeno.

Antes de tomar ninguna medida, el equipo de Suzuki estudió sus informes durante más de cuatro años. En 1968 estaban convencidos de que el cambio de polos era algo inminente. Suzuki publicó un documento que primero se le entregó al gobierno canadiense, después al de los Estados Unidos y, posteriormente, a otros gobiernos, anunciando que se acercaba un cambio de polaridad terrestre. Informó que la espiral de luz procedente del Sol estaba llegando a la Tierra cada tres años, con regularidad cronométrica, si bien iba haciéndose cada vez mayor. De los cálculos que había llevado a efecto durante dieciocho años se podía deducir que entre los meses de agosto y noviembre de 1972, el nivel energético sería tal que se.produciría una explosión en el Sol, cuya magnitud carecía de precedentes. Predijo que todavía habría otra en 1984, y que muy poco después de esta última se cambiaría la situación de nuestros polos. El acontecimiento se produjo el 7 de agosto de 1972. Por nuestras observaciones –naturalmente no sabíamos que los de Sirio habían intervenido en el asunto– podemos afirmar que fue el hecho más importante que jamás hayamos visto. Anthony R. Curtis, en su libro *The Space Almanac,* lo calificó como «la tormenta solar más intensa de la que se tenga memoria».[1] Según el *Science News*: «Durante los primeros días de agosto se pudo observar una gran alteración en la superficie solar, que produjo cuatro grandes explosiones entre el 2 y el 7 de agosto... Las producidas en esos primeros días de agosto se encuentran entre las más importantes de las registradas hasta ahora... La explosión del 7 de agosto hizo saltar los sensores de rayos X...».[2] El viento solar, que tenía una velocidad media de quinientos kilómetros por segundo, es decir, un millón ochocientos mil kilómetros por hora, llegó a alcanzar en los tres días siguientes una velocidad de más de tres millones de kilómetros por hora; a partir de ahí empezó a bajar a casi dos millones de kilómetros por hora, velocidad que se mantuvo durante los treinta días siguientes. Aunque esto parecía imposible, fue lo que sucedió. El acontecimiento fue comentado en todas las revistas más importantes del mundo, y en los periódicos de mayor tirada, pero los científicos no sabían de qué se trataba. Todo lo que hicieron fue publicar los datos de que disponían. Al cabo de seis meses, David Suzuki convocó una reunión internacional de científicos para tratar el tema. Antes de que se llevara a cabo esta reunión, es decir, desde agosto hasta noviembre de 1972, se había publicado una enorme cantidad de literatura científica sobre el acontecimiento. Tras la reunión científica celebrada en el mes de junio o julio de 1973 se produjo un silencio absoluto en todo el mundo, como si aquel importantísimo acontecimiento jamás hubiera sucedido.

Si las gentes de Sirio no hubieran intervenido, la explosión solar hubiera acabado definitivamente con nosotros. Hubiera exterminado toda la vida del planeta, hasta los microbios y elementos unicelulares marinos habrían desaparecido. Lo que en realidad había sucedido fue que el Sol estuvo a punto de expandirse en una inmensa red de vibraciones térmicas que pudo llegar a alcanzar la órbita de Júpiter, o sus cercanías. La vibración solar habría durado unos mil años, y después el Sol volvería a su tamaño normal. Si nosotros hubiéramos estado preparados para tal suceso, es decir, conscientemente preparados por encontrarnos en el nivel de la conciencia crística o a niveles superiores, hubiéramos podido sintonizar con ese nivel, y todo se hubiera convertido en una grata experiencia. Pero como habíamos caído en un estado de conciencia más bajo, debido a los acontecimientos de la Atlántida de hace dieciséis mil años, y no habíamos podido alcanzar la conciencia crística, el hecho cierto es que no nos encontrábamos preparados.

En la fecha en que tuvo lugar el fenómeno solar, vinieron a nuestro planeta 144.000 razas de otros niveles dimensionales, para asistir al acontecimiento. A mediados de enero de 1972 ya habían llegado unos 80.000 de ellos. Mantuvieron entre sí intensos debates sobre las consecuencias de la amenaza que se cernía sobre el planeta, y prácticamente todas las razas asistentes llegaron a la conclusión de que no había la menor esperanza de salvación para los humanos. «Vayámonos de aquí», se dijeron. Y regresaron a sus respectivos planetas, puesto que su norma era la de no intervenir en acontecimientos cósmicos. Otro centenar, más o menos, de razas –entre los que se encontraban los pleyadianos, los habitantes de Aldebarán y de Arturo, dirigidos por los siríacos– decidieron quedarse en la Tierra y ayudar.

Los siríacos no sólo tenían aquí toda la tecnología de hardware y software, sino que también disponían de embajadores. En el momento en que la situación se consideró absolutamente desesperada, enviaron embajadores al Comando Galáctico para pedir autorización para llevar a cabo su experimento. Si, tras la explosión solar, pudieran quedar supervivientes en la Tierra, aunque solamente fuera una sola persona, los siríacos no hubieran recibido autorización; pero como se suponía que no habría ningún superviviente, recibieron su permiso. Lo primero que preguntó el Comando Galáctico a los de Sirio fue cuántos humanos podrían salvarse con su experimento. Esto era algo que no podían saber; no obstante respondieron que, como mínimo dos, y tal vez diez personas podrían sobrevivir. Una de las condiciones claves que se imponían para la concesión del permiso, era que, como mínimo, habría de salvarse una persona. Pero, de hecho, puesto que se trataba de un experimento que nunca se había intentado antes, los de Sirio no sabían cuánta gente podría salvarse.

En cuanto recibieron la necesaria autorización se pusieron inmediatamente manos a la obra, y en cuestión de treinta días lo tenían todo preparado. Lanzaron la inmensa nave con forma de cigarro fuera de la membrana de conciencia que rodea la Tierra, a una distancia de más de medio millón de kilómetros, y la situaron en un supertono más elevado, de forma que fuera invisible para nosotros. Colocaron también las ocho pequeñas aeronaves en los vértices de los ocho puntos tetraédricos, o sea, de los ocho vértices de la estrella tetraédrica que se encuentra alrededor de la Tierra. Hay una estrella tetraédrica inscrita en la Tierra, y otra mucho mayor a unos catorce mil kilómetros de la superficie terráquea. Los puntos de la estrella constituyen el sistema de chakras del planeta. Éstos se colocaron en un supertono dimensional más alto que los terrestres. Después lanzaron, desde la nave nodriza, un chorro de rayos láser, de unas características desconocidas todavía para nosotros. Este rayo láser tenía unos dos decímetros de diámetro aproximadamente, y estaba formado por pequeños segmentos de luz digital de diferentes colores, que se movían a la velocidad de la luz. Este chorro de luz iba de un mundo dimensional a otro.

El chorro llegó al Polo Norte y dio en una de las pequeñas naves espaciales que se encontraba situada en ese vértice del tetraedro. Desde ahí, la inmensa cantidad de información contenida en el rayo láser fue trasladada a los tres rayos primarios –rojo, azul y verde– que fueron enviados, a su vez, a las tres naves siguientes. Éstas repitieron el proceso y enviaron sus rayos a las otras tres, hasta que los rayos confluyeron en el Polo Sur. Desde este punto devolvieron toda la información acumulada y dispararon otro rayo hacia el centro de la Tierra. Desde este punto, y por refracción, la información salió en miles de millones de rayos luminoso infinitamente pequeños hacia todos los puntos del planeta. De este modo, todos los seres vivos de la Tierra, humanos y animales, quedaron conectados entre sí.

Recordemos que los de Sirio querían protegernos de la corriente de fuego que se aproximaba a la Tierra, y éste era el método que habían decidido seguir. Pero no sólo querían protegernos, sino que también querían hacerlo de modo que nosotros ignorásemos que estábamos siendo protegidos. El saberlo hubiera cambiado por completo la ecuación humana. Además era necesario acelerar el proceso de nuestra evolución, de forma que pudiéramos llegar a un punto en el que fuera posible detener la barrera de fuego. Así pues, establecieron un campo holográfico en torno a la Tierra y, después crearon infinitos campos holográficos que situaron alrededor de cada ser humano y de cada animal existente en la Tierra. Hecho esto, empezaron a programar acontecimientos en estos campos holográficos. En los primeros meses no cambiaron nada, porque se limitaron a mantener el control. Después programaron nuestro cielo en un holograma, y dejaron que todo transcurriese como si no estuviera sucediendo nada anormal. Seguidamente empezaron a programar también una serie de acontecimientos en nuestras vidas, de forma que pudiéramos evolucionar lo más rápidamente posible. Al mismo tiempo, también nos estaban protegiendo de la avalancha ígnea.

Desde el verano de 1972 hasta el de 1974 estuvimos moviéndonos en una dirección totalmente nueva. Empezamos a acelerar nuestra evolución. Después, el proceso de evolución se intensificó *realmente* por encima de cualquier previsión. El experimento tuvo un éxito mayor de lo que se había pensado. En vez de las diez personas que, más o menos, se suponía podrían alcanzar un nivel de conciencia superior, lo alcanzaron más de mil quinientos millones de seres humanos. De esta manera todo el planeta quedaba protegido de la corriente de fuego procedente del Sol. De hecho y para demostrarlo, aquí seguimos. La intervención siríaca también permitió que se completara la red sintética de conciencia crística. Sin esa red, no hubiera sido posible que nadie alcanzase el siguiente nivel de conciencia. La red quedó concluida el 4 de febrero de 1989.

Por lo general, cuando un planeta alcanza la conciencia crística, sólo un pequeño grupo de personas puede, inicialmente, sobrevivir y comprender la nueva realidad. Los demás permanecen en un nivel de conciencia más bajo, y sólo tras un periodo de tiempo muy largo, el grupo inicial de iniciados puede empujar al resto, para que todo el planeta alcance el ansiado nivel de conciencia crística.

También existen diferentes planos de conciencia crística. Sus niveles en la cuarta dimensión son los supertonos décimo, undécimo y duodécimo. Por lo general, suele llevarle al planeta mucho tiempo poder evolucionar en estos planos. Los supertonos inferiores a la cuarta dimensión contienen el plano astral, al que vamos muchos de nosotros cuando dormimos, otro nivel al que accedemos muchos de nosotros al morir, y un lugar en el que podemos encontrar seres como hadas o espíritus arbóreos. Para alcanzar la conciencia crística es necesario llegar al décimo supertono de la cuarta dimensión. El planeta fue dirigido a uno de esos supertonos más elevados. Y, precisamente, ése es un nivel al que no pueden seguirnos los Grises. Ellos sólo tienen acceso a los niveles más bajos de la cuarta dimensión, y de hecho, suelen actuar en nuestro plano astral. En un principio, fue en ese plano astral en donde se mezclaron con nosotros.

La geometría de la red de conciencia que rodea a un planeta cambia, cuando también cambia la propia conciencia de ese planeta. Por lo general, tales cambios son muy poco frecuentes. Lo normal es que se produzcan pequeñas modificaciones a lo largo de miles de años. Sin embargo, ahora se están produciendo cambios en la red terrestre cada hora. Este fenómeno está atrayendo la atención de seres que vienen de todas partes de la galaxia para comprobarlo. Como nosotros nos encontramos inmersos en el mismo proceso, resulta difícil que nos demos cuenta de cuán rápidamente nos estamos moviendo; pero este fenómeno resulta evidente para cualquier observador de fuera. Lo que está sucediendo aquí es algo que carece de precedentes; hasta el punto que estamos siendo el centro de atención de la galaxia. Al mismo tiempo somos dirigidos en este proceso por seres superiores, pues ellos saben que lo que nos está sucediendo también les afectará a ellos. Todo el proceso vital tiene que ver en esto. Según Toth, una analogía que mostraría bien a las claras la velocidad a la que estamos desarrollándonos sería la de un bebé que se hiciera adulto en quince minutos. Se trata de un fenómeno absolutamente singular. No hay precedentes de una cosa así en ninguna parte, ni siquiera a nivel de Melquisedec. Parece ser éste uno de los experimentos que hayan tenido más éxito de cuantos se intentaron jamás. Drunvalo sospecha que tal fenómeno pudo haber sido decidido por Dios desde el principio de los tiempos.

No obstante, los grandes maestros no saben cuáles podrán ser los resultados de todo esto. Toth quiso que Drunvalo se manifestase muy claramente sobre ese punto. En principio, todo parece mostrar que fue un experimento de gran éxito, pero los maestros siguen trabajando en una larga serie de proyectos, que se vuelven obsoletos antes siquiera de ponerse en práctica. Originariamente Toth y otros maestros pensaron que el planeta alcanzaría un punto de masa crítica en la última semana de agosto o en la primera de septiembre de 1990, y que en la primavera de 1991 alcanzaríamos otro nivel dimensional. En ese momento, los maestros se reunirían, abandonarían la Tierra en una esfera de luz, y entrarían en otro nivel de conciencia. Tal hecho constituiría el disparador para que todos elevāramos el nivel de nuestra conciencia.

En lugar de esto, lo que sucedió en agosto de 1990 fue la invasión de Kuwait por Irak. Las naciones más importantes de la Tierra se unieron, preparándose para una guerra contra Irak. Debido a esta situación los maestros retrasaron su decisión. Conseguimos establecer una suerte de unidad planetaria, alineándonos todos contra un país y su líder militar. Esto era insólito en nuestra historia, porque nunca antes se había puesto de acuerdo todo el planeta para luchar contra un hombre. Incluso las guerras mundiales tuvieron características muy distintas a ésta. Debido a la guerra iraquí, los maestros establecieron un nuevo plan, por el que treinta y dos de ellos partirían juntos en un merkaba grupal. Así fue cómo Toth abandonó el planeta el 4 de mayo de 1991. De esta forma podríamos elevarnos poco a poco, en lugar de hacerlo de golpe. Cada vez que se lleva a cabo una de estas partidas, se produce en nosotros una nueva expansión de conciencia. Actualmente, los maestros están regulando todos estos hechos.

Antes de que Toth partiese le dijo a Drunvalo que tenía la sospecha de que no se habría de producir un cambio súbito y violento de los polos, fenómeno que suele acompañar al cambio de conciencia planetaria. Más bien, lo que pasaría sería una sucesión de pasos que nos permitirían ser cada vez más conscientes, pero de forma ármonica. Los maestros están intentando controlar nuestro cambio de conciencia.

Drunvalo cree que todas las predicciones que se han hecho sobre el futuro de la Tierra carecen de validez. El experimento de los siríacos en 1972 lo cambió todo. Las profecías de Nostradamus fueron muy exactas hasta 1972, pero ya no lo son a partir de esa fecha. Suzuki predijo un cambio de polaridad en 1984; estaba seguro de ello. Según él, cuando llegase 1984, nos encontraríamos en un lugar completamente distinto. Toth cree que vamos a vivir una experiencia como jamás la hubo. Antes de que concluya el siglo, todo el mundo en este planeta habrá ascendido a un nivel dimensional más alto. Por supuesto que, mientras tanto, la gente irá muriendo. Aquellos que hayan obrado bien en vida entrarán en la conciencia crística, gracias a la resurrección. Iremos cambiando la conciencia de este planeta, y alcanzaremos los niveles que teníamos hace más de un millón de años. Muchos de los seres elevados del universo están deseando venir a la Tierra, ya sea mediante el nacimiento o introduciéndose en seres humanos, para poder contemplar de forma directa el insólito fenómeno que se está dando en la Tierra. Parece que estamos avanzando tan aprisa que no solamente alcanzaremos los supertonos más elevados de la cuarta dimensión, lo que constituiría un primer paso, sino que iremos más allá. En un determinado momento, muy probablemente en el 2012, habremos saltado a las octavas universales, un acontecimiento del que no hay prcedentes en toda la historia del universo. Adónde llegaremos entonces, nadie lo sabe.

Notas

1. Anthony R. Curtis, *The Space Almanac* (Woodshire, MD; Arcsoft Publishers, 1990) p. 607.
2. «Science News», Washington DC; Science Service, Inc. Vol. 102, n° 8, 19 de agosto de 1972, p. 119.

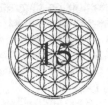

El gobierno secreto

Tanto si se les llama Gobierno Secreto, Iluminados, Bilderbergers, Comisión Trilateral o Consejo de Relaciones Extranjeras, el nombre es lo de menos. El «gobierno secreto» está formado básicamente por los más ricos del mundo. Son unos dos mil, aproximadamente, y han venido controlando durante mucho tiempo a los gobiernos. Establecen quiénes han de ser elegidos, cuándo y dónde; dicen cuándo ha de producirse una guerra, y cuándo no. Controlan el sistema de abastecimientos del planeta, y cuándo ha de producirse una inflación o una deflación. Esta gente lo domina todo. Por supuesto que no pueden controlar a la Naturaleza, pero dominan todo lo demás. Entre 1900 y 1930, los Grises establecieron contacto con esta gente, en algún punto del planeta. Evidentemente, este contacto tuvo que producirse antes de 1943, ya que en el Experimento Filadelfia se utilizó una información tecnológica que había sido recabada de los Grises. Nikola Tesla, un físico que durante algún tiempo fue el director del Experimento Filadelfia, manifestó que había recibido información de los extraterrestres, aunque nadie le creyó en su momento.[1]

Al principio, el gobierno secreto pensó que los Grises eran buena gente, y por eso estableció un tratado con ellos. De hecho, llegaron a pensar que los Grises eran lo mejor que les había podido pasar, una nueva fuente de poder sin límites. El tratado les dio a los Grises el derecho a realizar experimentos en el planeta, a cambio de su tecnología. Una tecnología que ha sido precisamente la responsable de los increíbles progresos que hemos hecho.

En 1968, cuando David Suzuki predijo que pronto ocurriría un nuevo cambio de polos, y que tal acontecimiento destruiría cuanto había sobre el planeta, los miembros del gobierno secreto decidieron partir. En 1970 establecieron una fusión entre la Unión Soviética y los Estados Unidos. Lo que ha sucedido ahora, a medida que se ha dejado atrás la Guerra Fría, resulta inevitable debido a que hemos venido funcionando como un solo país durante mucho tiempo.

El gobierno secreto nunca compartió con el resto de la humanidad la tecnología recibida de los Grises, sino que se la guardó para sí. De este modo han logrado unos avances tecnológicos que se nos hacen difíciles de creer. Durante mucho tiempo han dispuesto de platillos volantes, y de artefactos todavía más avanzados. Se calcula que aproximadamente el 50 por ciento de los platillos volantes que se han detectado son suyos.[2] No proceden del espacio, sino que son propiedad del gobierno secreto. Esta «organización» se apropió también de la tecnología de los soviéticos, de los americanos y de los Grises, y creó sus propios vehículos, para asegurarse de que podrían abandonar el planeta antes de que se produjese el cambio de polos. Empezaron a prepararse con mucha prisa; sabían que no disponían de mucho tiempo, como máximo unos catorce años, según los pronósticos de Suzuki.

Lo primero que hicieron fue construir una base en la Luna, utilizándola como un satélite para adentrarse en el espacio. En la cara oculta de nuestro satélite construyeron tres pequeñas ciudades tipo burbuja, en una de las cuales tuvieron un accidente en el que murió mucha gente. Hay informes que indican que se han realizado más de dos mil misiones secretas a la Luna.

Una vez que este gobierno secreto dispuso de material suficiente en la Luna, se lanzaron al espacio. Y ¿adónde creen que fueron? A Marte, naturalmente, al antiguo hogar de los Grises. En Marte construyeron una ciudad subterránea extremadamente compleja, diseñada para albergarlos a ellos y algunas otras personas. Pero no a muchas más. Su mayor preocupación era salvarse

173

ellos, sin preocuparse demasiado del resto. Al fin y al cabo, ése había sido siempre su estilo. Se habían convertido en seres muy parecidos a los Grises, perdiendo gran parte de sus cuerpos emocionales. A su base de Marte llevaron cuanto creyeron que podrían necesitar.

Según afirma Al Bielek, que trabajó en el Proyecto Montauk (oficialmente, Proyecto Phoenix):

> Uno de los cometidos del Proyecto Phoenix, dentro de la utilización de los túneles del tiempo, era proporcionar apoyo logístico a las colonias de Marte. Estas colonias habían sido establecidas en los primeros años setenta. Aunque el viaje espacial a la Luna se hizo público en 1969, en realidad los alemanes ya habían estado allí en 1947, y en 1962 se realizó también una expedición conjunta ruso-americana. Esta expedición llegó a Marte el 22 de mayo de 1962. La película *Alternative 3*, realizada por Anglia Television, y que se puede conseguir por canales no oficiales, describe detalladamente esta expedición. En ella se pueden ver las transmisiones de televisión enviadas desde Marte, referentes al viaje y a la llegada de la nave Explorer. Existen bases en Marte desde finales de los sesenta o principios de los setenta.[3]

En esa época no sólo no querían que nadie se enterase de lo que estaban haciendo, sino que tampoco deseaban que se les pudiera hacer competencia tecnológica. Cualquiera que estuviera trabajando en una tecnología muy desarrollada, se veía obligado, por unos medios u otros, a abandonar sus investigaciones. Si se resistían a ello, se les suprimía.

Alrededor de 1984 se concluyó la ciudad que el gobierno secreto tenía en Marte. Se encontraban muy satisfechos de haberlo conseguido. Y entonces, hace unos cuantos años –posiblemente en 1989, aunque Drunvalo no está muy seguro de la fecha exacta– hicieron un descubrimiento espectacular. La Tierra no era el único planeta en el que se producían cambios de polaridad. Este fenómeno se daba en todos los planetas del sistema solar, incluido Marte.

Siete o nueve meses más tarde descubrieron también que tales cambios de polaridad conllevaban cambios de conciencia. Este

174

hecho les dejó –como anteriormente les había sucedido a los Grises– totalmente desvalidos, porque no podían hacer gran cosa al respecto. Se dieron cuenta de que la única forma posible de sobrevivir era por medio del amor y de la unidad de conciencia. Ésta era la misma situación a la que había tenido que enfrentarse la Atlántida, en la Tierra, 16.000 años antes, cuando los marcianos intentaron separarse del resto de la población terrestre, y continuar por su cuenta. Los miembros del gobierno secreto sabían ahora que no podrían sobrevivir en solitario. Así pues, están dejando en paz a personas como Drunvalo, personas que pueden tener respuestas y que pueden ayudarlos.

Volvamos por un momento a Richard Hoagland y a sus investigaciones sobre los monumentos de Marte. La aparente falta de interés de la NASA por las investigaciones de Hoagland, se debe a que Marte es un planeta que debe estar apartado de la curiosidad científica. Se han producido una serie de cosas allí que no se quiere que se sepan; y por eso la NASA ha tratado siempre de ridiculizar las informaciones sobre los monumentos marcianos.

Puesto que los miembros del gobierno secreto se encuentran muy en la línea de los Grises, también se hallan muy carentes de emociones. No obstante, son sumamente inteligentes. Si pudieran descubrir por su cuenta alguna otra forma de supervivencia, seguro que lo harían; pero han aprendido de entidades muy superiores a los Grises que si quieren sobrevivir han de unirse a todos nosotros.

Esto es lo que los seres superiores han pretendido desde el desastre de la Atlántida. No desean que los humanos sobrevivan a costa de los marcianos, o viceversa. Lo que ellos quieren es que esta gente logre salvarse y se vaya de allí.

Notas

1. Preston B. Nichols y Peter Moon, *The Montauk Project: Ex-periments in Time* (Nueva York: Sky Books, 1992). Apéndice E.
2. Gordon Michael Scallion, «UFOs From Earth», *The Earth Changes Report* (Westmoreland, NH: The Matrix Institute, Vol 2.4, 1 de mayo de 1992).
3. Al Bielek, citado en una entrevista hecha por Susanne Konicov, *The Connecting Link* (Grand Rapids, MI: Susanne Konicov, Issue 19).

Se pueden encontrar otras fuentes para el contenido de este capítulo en *Sicence Report* «Alternative 3». En la retransmisión de Anglia Television Limited, Norwich, Inglaterra, 1 de abril de 1997. En el programa de Anglia Productions, escrito por David Ambrose y producido por John Rosemberg. En la obra de Milton William Cooper «The Secret Government The Origin, Identity and Purpose of MJ-12» (Huntington Beach, CA: Manuscript copyright, 1989).

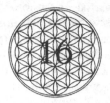

Lo que normalmente sucede

Drunvalo ignora qué podrá suceder cuando en la próxima ocasión se produzca un cambio de polaridad; posiblemente nadie lo sepa tampoco, porque lo que estamos haciendo es poco frecuente. Sin embargo, Toth y los otros maestros creen que nuestro futuro pasó a una nueva dimensión, se producirá de manera mucho más suave, consciente y orgánica de lo que es usual.

Drunvalo sabe lo que generalmente sucede en un cambio de polaridad. Cuando nos acercamos al punto de la precesión de los equinoccios, en el que tiene lugar el cambio, todo se viene abajo.

La clave de todo esto se encuentra en el campo magnético de la Tierra, que es el que gobierna nuestra identidad, nuestros pensamientos y nuestra memoria. En ese sentido, nos comportamos de forma muy parecida a la de un ordenador. Necesitamos un cierto tipo de campo magnético para procesar nuestros datos.

Es corriente que durante los días de plenilunio se registre un incremento de asesinatos y acciones violentas, debido a que la luna produce una especie de burbuja en nuestro campo magnético. Esta minúscula burbuja es suficiente para poner en una situación muy peligrosa a las personas que sufren alteraciones emocionales.

177

A medida que se acerca el cambio de polaridad, las cosas empiezan a desequilibrarse y el campo magnético inicia una serie de fluctuaciones en un lapso muy corto de tiempo (entre tres y seis meses). Es como si cada día hubiera luna llena, pero cada vez más grande y más brillante. La consecuencia de este fenómeno es que la gente empieza a sufrir graves trastornos emocionales. Esto produce una quiebra muy seria, tanto social como económicamente, ya que somos precisamente los humanos los que sostenemos estas estructuras. Por tanto, cuando el hombre pierde su autocontrol, todo se viene abajo.

Pero es posible que en esta ocasión no suceda tal cosa, y podamos mantener unido el campo magnético.

Por lo general los cambios de polaridad y de dimensión son simultáneos. Cinco o seis horas antes de que se produzca el cambio de polos, tiene lugar un extraordinario fenómeno visual. La tercera y la cuarta dimensiones empiezan a interponerse. A medida que nos acercamos a la cuarta dimensión de conciencia, la tercera inicia un alejamiento progresivo.

En cuanto la red tridimensional comienza a resquebrajarse, los objetos desaparecen. Ésta es una de las razones por las cuales aunque la historia de la vida en nuestro planeta tenga quinientos millones de años, no existe ninguna evidencia de ello. A fin de que puedan sobrevivir al cambio de polaridad es necesario que los objetos estén hechos de materiales como los que se emplearon en las pirámides y en la esfinge, unos materiales que están en resonancia con la Tierra. Todo lo demás queda borrado del planeta.

Y a medida que desaparecen los objetos normales, surgen bruscamente los pertenecientes a la cuarta dimensión. Ante nuestros ojos aparecen colores y formas que nos resultan totalmente desconocidos.

Por lo general, y a fin de poder pasar conscientemente de la tercera a la cuarta dimensión, es necesario crear un merkaba, aunque en esta ocasión las cosas pueden ser un poco distintas. Según Drunvalo hemos alcanzado un punto en el que mil quinientos millones de seres vivirán un cambio de conciencia, y los maestros están proyectando que todos o casi todos estos seres realicen ese cambio en la próxima dimensión. La gente puede conocer o recordar de golpe el merkaba, aunque no puedan recordar cómo lo hicieron.

De todos modos, aunque seamos capaces de mantener unido el campo magnético hasta el momento del cambio, es casi seguro que se producirá un periodo de tres días y medio durante el cual ese campo magnético se habrá ido por completo. Ahora bien, si se logra realizar un merkaba, se puede disponer de un vehículo espaciotemporal en torno al cuerpo que, primero, reemplazará el campo magnético que ha quedado colapsado y, segundo, se podrá viajar de una dimensión a otra.

Tan pronto como el campo magnético se colapse, la Tierra desaparece para uno, y uno se encuentra en el Gran Vacío. La duración de este «bardo» es de tres días y medio. Después, la vida volverá a aparecer en el mundo de la cuarta dimensión.

Se encontrará a sí mismo en un mundo nuevo, cuyas características nunca se hubieran podido concebir. Seguro que usted ha estado en él muchas veces antes, pero su memoria no guarda ningún registro de eso. Usted será como un niño, que no tiene la menor idea de las formas, objetos y colores que le rodean.

Una similitud entre este mundo y el próximo es la Santa Trinidad, es decir, el padre, la madre y el hijo. A medida que se entra en este nuevo mundo, aunque usted no logre entender nada, será acogido por dos seres, un varón y una hembra, el padre y la madre. Mantendrá una relación amorosa muy estrecha con estos seres. Al entrar en la cuarta dimensión, necesitará aproximadamente dos años para crecer y madurar. Durante esta etapa de crecimiento, sus nuevos padres le ayudarán y le guiarán.

Aparecerá en la cuarta dimensión tal como es ahora aunque, muy probablemente, desnudo. Por lo general, las ropas desaparecen en el cambio dimensional. La estructura atómica de su cuerpo también habrá experimentado rotundos cambios. La masa atómica de su cuerpo se habrá convertido en energía. Los átomos se habrán separado unos de otros a distancias fenomenales. La mayor parte de su cuerpo será energía, será como un cuerpo luminoso. Recuerde que en este nuevo mundo usted creará su propia realidad, momento a momento, con sus propios pensamientos. La manifestación de las cosas se hace instantánea; por ejemplo, usted piensa en una naranja, y la naranja se hace realidad ante sus ojos, de forma que usted puede tocarla y comerla.

Por este motivo son tan importantes los pensamientos sobre la paz, la belleza, el amor, etc. Si en la cuarta dimensión se ve dominado por el miedo, esa realidad se creará y manifestará de forma inmediata, de manera que tendrá que enfrentarse a algo terrible, como puede ser un enemigo que trata de matarle. En ese momento usted puede crear un arma y matar a su enemigo; pero en cuanto suceda tal cosa se verá de nuevo devuelto a la tercera dimensión, en la cual la relación entre causa y efecto es más lenta. En la cuarta dimensión es sumamente importante la calidad de los pensamientos. Por este motivo, Jesús insistía tanto en la pureza mental. El amor, la paz, la unidad, el comportarse bien con el prójimo, son acciones muy prácticas porque revierten sobre uno.

Todas estas cosas también son importantes en la tercera dimensión, aunque debido al tiempo que tarda en producirse la manifestación real, no nos damos cuenta de la relación existente entre causa y efecto. La tercera dimensión es un lugar apropiado para aprender a dominar las limitaciones y la conciencia de víctima. En ésta, la víctima definitiva termina siendo la persona que, al no darse cuenta de que está creando su propia realidad, cree que las cosas simplemente le suceden.

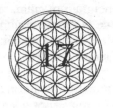

Rebirthing

El rebirthing es un instrumento que le permite experimentar directamente el Espíritu único que actúa sobre todas las cosas. Y no sólo eso, sino que el rebirthing también le enseña a que usted mismo cree permanentemente una experiencia de unidad.

La única forma de unirse con el Espíritu es descubrirlo dentro de uno. Éste es *el único modo*, y al hacerlo así usted se unirá a la fuerza infinita del universo.

En el rebirthing se aprende a respirar la energía con el aire. Es la misma energía que crea y mantiene nuestro cuerpo; es la energía de la fuerza vital o prana. Ella es enteramente capaz de purificar, equilibrar y sanar nuestro cuerpo.

El rebirthing es mucho más que un simple método de respiración; es la combinación de una respiración energética consciente y de la utilización correcta de la mente, de forma que podamos mantener a las dos en armonía, trabajando la una junto a la otra.

El método del que aquí hablamos es el de las respiraciones rítmicas, en las que la «inhalación» y la «exhalación» se conectan sin que se produzca pausa alguna entre ellas. El énfasis se pone en la inhalación; la exhalación se hace de manera completamente relajada. Este tipo de respiración facilitará el movimiento energético en el cuerpo; una energía muy pura, muy poderosa y luminosa, la auténtica energía de la fuerza vital. La tendencia natural de esta energía es evitar que nuestra atención se fije en algo que sea menos puro que ella misma. Digamos de nuevo que el rebirthing es mucho más que un método respiratorio. El proceso incluye al mismo tiempo un método para que aprendamos a relajarnos y sintonizarnos interiormente, de modo que podamos armonizarnos con todo lo que sucede en nuestro cuerpo. Todo esto produce un tipo de resolución emocional que nos permite incluir todas las sensaciones físicas corporales, desde las emociones (es decir, lo que sentimos hacia algo) hasta las vibraciones, estímulos, etc. Todas estas sensaciones se irán integrando de forma gradual en una gran sensación de bienestar. Esto nos permitirá liberarnos de la negatividad que hemos venido arrastrando, como consecuencia de suprimir las emociones.

El rebirthing es un modo de completar el pasado. Todo cuanto ha quedado incompleto en nuestra pasada vida corporal, y que constituye lo que podríamos denominar energías estancadas, sigue perviviendo en nosotros debido a una forma superficial de respiración. Aquellos de ustedes que hayan realizado algún tipo de trabajo corporal, se darán perfecta cuenta de lo que estoy diciendo.

Enfrente el rebirthing con la forma que usted ha tenido de vivir en el pasado las emociones indeseadas. Tomemos, por ejemplo, la ira. En primer lugar, hay que tener en cuenta que seguramente no se trata de un estado de ira presente, sino que muy probablemente es la manifestación de algo sucedido en el pasado que no se ha vivido de forma completa, y que se dispara ante una situación presente. Eso es lo que sucede con las emociones pasadas que no se han vivido de forma completa; siguen manifestándose en el presente, y nosotros continuamos resistiéndonos a ellas. Y el proceso se repite una y otra vez. Una de las formas equivocadas de tratar las emociones es interiorizarlas, rechazándolas, suprimiéndolas o condenándolas. Otra forma es proyectarlas en los demás, con las consiguientes reacciones externas que incluyen gritos, golpes, etc. Ninguno de estos dos caminos permite una resolución emocional.

Lo que realmente funciona es el proceso del rebirthing; es decir, la respiración conectada, la relajación en la emoción, el vivir la emoción con todo detalle, y crear un sentimiento de paz con todo lo que uno está sintiendo.

Trabajar a nivel emocional es mucho más rápido y mucho más directo que trabajar con la mente. No se necesita tener una comprensión intelectual de lo que está sucediendo. Podemos hacerlo totalmente a nivel de la sensación. Esto es lo que cambiará la posición de la mente con respecto a una determinada situación.

El contexto en el que usted está viviendo sus experiencias es fundamental para poder desarrollar la relajación interior y sentir las emociones corporales, Es necesario que usted viva sus emociones tal como son, aunque no le gusten. Esto es lo que realmente funcionará. Y todavía más válido es el deseo de vivenciar cuanto se está sintiendo como un medio de curación. Al relajarse interiormente y permitir que las emociones se muestren en el nivel más profundo, se estará generando la propia curación. Finalmente, este proceso nos llevará a un sentimiento de gratitud hacia todas las cosas tal y como son.

Tenga presente que la función natural de la energía, a medida que actúa en el cuerpo, es llevar su atención hacia cuanto usted está suprimiendo o conteniendo. Todo esto se manifiesta a nivel físico. Afortunadamente, esta toma de conciencia sobre un determinado estrato emocional, se hace de forma secuencial, de manera que uno pueda ir viéndolos uno por uno. En el proceso respiratorio, las emociones y sentimientos que usted evitó en el pasado van surgiendo, debido al movimiento energético. Por «evitar» debemos entender todos aquellos juicios que emitimos sobre dichas emociones o sentimientos, que consideramos «equivocados».

Yo quisiera hacer un solo paquete con una serie de términos tales como juicio, resistencia o error de comportamiento. Cuando utilizo uno de estos términos me estoy refiriendo, por lo general, a los demás. Por tanto, siempre que estamos juzgando algo, o haciendo algo equivocado, lo que estamos haciendo en realidad, es bloquear la energía. Lo que resulta fundamentalmente importante aquí es el deseo o la disposición de querer cambiar la mente sobre lo que en verdad se está haciendo de forma equivocada.

Una sesión de rebirthing actúa produciendo un estado de seguridad y confianza, y todo su entorno le proporciona una capacidad mayor de relajarse y conectarse con sus emociones y sensaciones físicas, y al hacerlo así le permite iniciar el proceso de su realización completa. El cambiar hacia un contexto positivo le facilita el poder aceptar las cosas tal como son, sin resistirse a ellas. Aquello a lo que nos resistimos, no sólo persiste –como respuesta a nuestra resistencia– sino que se torna más fuerte. Si encontramos que una emoción se nos hace desagradable y queremos evitarla, ésta se vuelve más fuerte y cada vez se hará más grande el trabajo necesario para marginarla. Le estamos proporcionando energía para que se resista. Las cosas que usted está intentando evitar, volverán a enfrentársele una y otra vez. Por el contrario, usted puede disolver esa emoción, sin mayor esfuerzo, observándola y comprendiéndola.

Cuando usted está respirando energía y se está relajando y sintonizando interiormente, y permite que las sensaciones que experimenta se manifiesten tal como son, se está iniciando el proceso de curación. y así es cómo éste puede resultar fácil, agradable e, incluso, dichoso. Ahora bien, una vez dicho todo esto, el punto más importante quizá sea el que no haya que tomar nada al pie de la letra. El factor clave, el aspecto más importante, es su deseo y disposición a participar en el proceso. Por tal participación hay que entender la voluntad de soltar cuanto haya sido retenido, y darse cuenta de que la paz y la felicidad son más importantes para uno que el obrar con justicia y equilibrio. Tal disposición de ánimo es lo que permite que las cosas sucedan por sí solas. Con tal actitud usted nó necesita hacer las cosas de forma perfecta; y, de este modo, la sesión de trabajo resultará eficaz.

El factor capital, ya sea para aprender a andar en bicicleta o para saber respirar energéticamente, es la total disposición a hacerlo y el compromiso que uno contrae con ello. Si tal disposición y tal compromiso se muestran sólidos como rocas, usted aprenderá, y todo cuanto suceda contribuirá a la realización completa del proceso. Esa voluntad por si sola le proporcionará una enorme libertad para *ser*. Y tal libertad le permitirá una mayor capacidad para relajarse y permitir que fluya la energía.

A fin de tener una experiencia directa de la unidad del ser, deberá expandirse para incluir todo lo que está en usted. Dicho en otros términos, el hábito de compartimentar su mente es una forma de dualidad, de crear su origen en lo externo, oponiéndolo a lo interno. Tendemos a compartimentar aquellas fragmentaciones de nosotros mismos, es decir, las realizaciones incompletas del pasado, aquellas cosas a las que tememos demasiado para enfrentarnos a ellas. Intentamos apartarlas de nosotros, enterrarlas, de modo que no tengamos que habérnoslas con ellas. Pero forman parte de nosotros, por muy vergonzosas o equivocadas que sean, y siempre aparecerán con el ejercicio respiratorio como algo menos puro. Es imposible experimentar la unidad del ser, cuando se está reprimiendo la vida y el ser, de esta manera. El ampliar su capacidad para aceptar la seguridad y confianza que subyace en el universo, y que se consigue en el rebirthing, le capacitará para tratar todo aquello a lo que ha venido resistiéndose. A medida que lo vaya experimentando de este modo, esas emociones empezarán a diluirse; y en cuanto se disuelvan, su dualidad también se disolverá. Es decir, los acontecimientos surgen y se disuelven con la respiración. Poco importa que tales sucesos se refieran a la infancia, al nacimiento, a vidas pasadas o a lo que usted crea que es. Lo que importa es que se trata de energía que se está disolviendo. Está permitiendo que la unidad del ser se convierta en una presencia viva dentro de usted. De este modo vivirá una experiencia directa, y no teórica, del espíritu que reside en su cuerpo.

Esto equivale a decir que se ha establecido la integración de ambos hemisferios cerebrales. El hemisferio conceptual masculino se funde con el intuitivo femenino.

Quiero insistir en que no se trata de un proceso regresivo para volver a la infancia, al nacimiento, etc., aun cuando durante las sesiones puedan experimentarse vivencias ocurridas en esas etapas. Lo verdaderamente importante de esos procesos incompletos del pasado, es que usted continúa llevándolos y manifestándolos en su vida actual. El mejor acceso a esos sentimientos se halla en el momento presente. Lo que usted lleva consigo en forma de energía reprimida se siente de algún modo, y usted puede acceder a ello.

Así pues, el proceso se basa en la respiración, en la relajación y sintonización de sentimientos, en el cambio del modo en el que habitualmente usted ha mantenido esa resistencia. Se trata de expandir su identidad, respiración a respiración, para incluir esos sentimientos de manera que puedan integrarse en una mayor sensación de bienestar. Al hacerlo así, el pasado comienza a completarse.

El aprender el rebirthing de un monitor profesional le proporcionará un instrumento que usted puede utilizar en cualquier momento para aumentar su capacidad de resolución emocional, y experimentar la unidad del ser.

A medida que pase el tiempo, empezará a confiar más en su

propia autoridad que en la autoridad exterior. Aprenderá de forma cada vez más intensa que el origen y la fuente se hallan dentro de usted, y no fuera.

El maestro es la propia respiración. Le lleva al nivel que le corresponde, al nivel que es el adecuado para usted, y que nunca es el mismo para dos personas. Su propia respiración es el vehículo que le conducirá a su origen, al ser superior que reside en usted.

Veinte respiraciones conectadas

El fundamento del rebirthing es un sencillo ejercicio que aprendí de Leonard Orr, y que se llama «veinte respiraciones conectadas». Puede hacer este ejercicio a lo largo del día, siempre que sienta necesidad de ello. De todos modos, es mejor que durante la primera semana solamente lo haga una vez al día:

1. Haga cuatro respiraciones cortas
2. Haga una respiración profunda
3. Inspire y expulse el aire a través de la nariz
4. Haga cuatro tandas de cinco respiraciones; es decir, cuatro tandas de cuatro respiraciones cortas seguidas de una larga, sin parar, hasta un total de veinte respiraciones

Una la inspiración con la exhalación, de modo que toda la respiración se realice sin pausas. Una inspiración conectada con una expiración equivale a una respiración. Las veinte respiraciones se unen, de modo que usted realiza una única serie de veinte respiraciones sin pausas.

Inhale el aire conscientemente de forma relajada y expúlselo totalmente en la exhalación, cuidando de que tanto la inspiración como la expiración tengan la misma duración.

Utilice las respiraciones cortas para enfatizar la conexión de la inspiración y expiración, convirtiéndolas en un círculo cerrado.

Utilice la respiración profunda para llenar cómodamente los pulmones tanto como pueda en la inspiración, y vaciándolos por entero en la expiración.

Respire al ritmo que sea más natural para usted. Es importante que la respiración sea libre, natural y rítmica, y no forzada o controlada. Ésta es la manera en que podrá respirar el prana al mismo tiempo que el aire.

Debido a que la mayoría de nosotros ha venido desarrollando hábitos respiratorios equivocados, es posible que experimente algunas sensaciones físicas, como pueden ser ligeros vahídos, o temblores en manos u otras partes del cuerpo. Si realiza los ejercicios diariamente observará que las sensaciones pueden cambiar, haciéndose menos intensas y más saludables. Esto significa que está haciendo progresos en la respiración consciente y que ya está consiguiendo los primeros beneficios directos para su cuerpo.

La práctica diaria de este ejercicio le enseñará más sobre la respiración que cuanto haya podido leer en toda su vida.

Si desea acelerar el proceso, puede contactar con un profesor de rebirthing, con sesiones de una a dos horas.

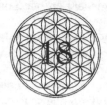

Tu cuerpo es luz y tú eres inmortal

La primera vez que oí hablar de inmortalidad física fue en marzo de 1979, cuando me inicié en el rebirthing. En esa ocasión la idea me pareció lo más disparatado que jamás hubiera oído, y ni siquiera le presté atención. Tal concepto chocaba frontalmente con mi creencia incuestionable de que la muerte es algo inevitable y que está fuera de todo control. Incluso reaccioné airadamente: «¿Qué clase de charlatanería New Age intentan venderme ahora?», me dije.

Poco después me encontré con Leonard Orr. Hablaba todo el tiempo de inmortalidad física; incluso había escrito un libro sobre el tema.[1] En esta ocasión, la cosa ya no me pareció tan fantástica, incluso empezaba a gustarme la idea, especialmente cuando me di cuenta de que se trataba de la calidad de vida, aquí y ahora. Después de todo, si uno es desgraciado, ¿qué ganas puede tener de prolongar su desgracia más tiempo del necesario? Por el contrario, si la clase de vida que usted está llevando es agradable y cada vez se hace mejor, quizás no le importe que se prolongue un poquito más.

Volvamos al momento del nacimiento y veamos si podemos encontrar allí algo que nos sea útil para analizar lo que nos sucede. Si en el momento del parto, se corta prematuramente el cordón umbilical, no se nos concede la oportunidad de que podamos aprender a respirar de forma relajada. Por el contrario, la respiración se convierte en una situación de vida o muerte. Aprendemos a respirar con miedo y con tensión. Desde esa primera y forzada respiración, todo lo que sea respirar libre y profundamente se nos hace algo temible y penoso, y por ello nos acostumbramos a respirar de forma superficial. Este tipo de respiración es algo parecido a poner una tapadera a una olla a presión. Toda aquella urgencia necesaria se concentra en nuestro mecanismo respiratorio y vive literalmente en nuestro cuerpo, en un estado de contención, en forma de energía bloqueada. Esta energía bloqueada se mantiene en su sitio de forma estática, mediante la respiración superficial.

Desde el momento en que no hay orificio de salida para el «vapor» –la energía contenida– aquél sigue almacenándose, y el cuerpo se convierte en algo que se hace cada vez más ingrato, y terminamos retirándole nuestra atención. La muerte física es la forma definitiva de esa retirada de la atención corporal.

Imagínese que está viviendo en una casa que no se ha limpiado durante treinta o cuarenta años; seguramente no tendrá ganas de pasar mucho tiempo en ella. Pues lo mismo sucede con el cuerpo. Así pues, la idea de la inmortalidad física se refiere a la calidad de vida aquí y ahora. Se trata también de una idea que permite al rebirthing trabajar de forma más efectiva, al facilitar que usted pueda crear un contexto que incluye todos sus pensamientos, incluso los más limitados y temerosos.

Leonard solía referirse a algunas de esas personas que han escrito mucho sobre la inmortalidad física, la mayoría de los cuales ya están muertos. Esto no constituye ninguna sorpresa, ¿no es cierto? Incluso mencionaba el caso de una de estas personas que murió cuando iba a dar una charla sobre el tema. Fue así cómo Leonard aprendió a no confiar en esa gente.

Desarrolló un nuevo tipo de criterios, Decidió que no creería en nadie que hablase sobre la inmortalidad ¡a menos que tuviera trescientos años de edad!

A finales de los años setenta viajó a la India y visitó a Babaji, un yogui inmortal. A partir de ese momento conoció a siete u ocho personajes que tienen, al menos, trescientos años de edad. De estos ejemplos vivos aprendió los secretos para mantener el cuerpo físico más tiempo del que se considera como una longevidad normal. Todo ello se basa en la forma de incrementar la calidad de la existencia.

Como usted ya se puede imaginar, la base de este proceso se halla en el conocimiento de la energía corporal. La tierra, el aire, el agua y el fuego pueden limpiar la mente de forma más eficiente de lo que la mente pueda limpiarse a sí misma. El uso consciente de estos elementos limpia y equilibra la energía corporal.

La idea, por tanto, es utilizar los elementos mencionados, primero para limpiarnos de la acumulación de toxinas, miedos y tensiones, y después para mantenernos alerta sobre el proceso de polución.

La purificación por la tierra comporta el desarrollo de una relación consciente con nuestro cuerpo, con el medio que nos rodea y con todo el planeta. Todo ello está relacionado con la dietética y el ejercicio, al mismo tiempo que con el vivir directamente la naturaleza, experimentando los beneficiosos resultados que produce el estar en medio de un bosque o de un lago.

La purificación por el aire consiste en la respiración consciente, el respirar la energía o prana al mismo tiempo que el aire.

La purificación por el agua consiste en el baño consciente, de forma que llegue a sentir y apreciar lo que en realidad puede hacer el agua por usted. El objetivo del baño consciente es limpiar y equilibrar la energía corporal.

La purificación por el fuego consiste en sentarse cerca de un fuego para que su energía corporal, o sus ruedas energéticas, puedan girar a través de las llamas. Es aprender, a través de la experiencia personal, lo que significa tener la energía corporal o aura, limpiada directamente por el fuego.

Éstas son algunas de las prácticas comunes que llevan a cabo los inmortales que viven en la actualidad en el planeta. Todos ellos practican también el continuo recuerdo de Dios, el Espíritu único y eterno que se mueve a través de todos y de todo.

Si practica estos métodos, empezará a descubrir que es algo más que un cuerpo físico. Descubrirá que es también un cuerpo energético. Y comprobará el enorme valor práctico que tiene el trabajar directamente con la energía corporal.

¿Significa esto que si practica dichos métodos vivirá para siempre en su cuerpo actual? Probablemente, no. Pero sí quiere decir que puede aprender a rejuvenecerse, revitalizarse y sanarse por usted mismo. Y, por supuesto, incluso puede aprender a invertir el proceso de envejecimiento.

Recuerde también que, como dice Drunvalo, la inmortalidad no consiste en vivir para siempre en un cuerpo que es una trampa. Siempre existe una realidad más elevada hacia la que debemos evolucionar. La inmortalidad es recordar y tener presente su proceso de ascensión hacia las alturas. Consiste en recordar siempre quiénes somos.

Notas

1. Leonard Orr, *Physical Inmortality, The Science of Everlasting Life* (Sierraville CA: Inspiration University, 1980).

Rebirthing: El Ojo Izquierdo de Horus

E
l rebirthing es el entrenamiento del cuerpo emocional.
Es el equivalente moderno del Ojo Izquierdo de Horus.
Una técnica que se ocupa de trabajar directamente los
miedos, los sentimientos y las emociones, permitiendo
que se pueda integrarlos para conseguir un mayor bienestar.

Resulta interesante, y probablemente no es una mera coincidencia, que yo emplease casi doce años en el entrenamiento del
cuerpo emocional (rebirthing) antes de que descubriese el material que me faltaba, el Ojo Derecho de Horus, y el resto de la
información suministrada por Drunvalo.

El rebirthing me puso pronto al tanto de lo mucho que había
estado viviendo de forma mental, experimentando la vida bajo un
punto de vista conceptual, pero sin percatarme realmente de ella.
No vivía mi cuerpo, y no me daba cuenta de ello. Carecía de un
marco de referencias. No sabía, y no sabía que no sabía. Estaba
dormido y ciego.

Lo más importante que aprendí del rebirthing fue que la integración, la sanación y la complementación proceden del hacerse
responsable de la propia vida. Tiene que existir la voluntad de
enfrentarse y de aceptar cuanto uno ha estado evitando o a lo que
se ha estado resistiendo. Recuerde que todo aquello a lo que nos

resistimos no solamente persiste, sino que en realidad se hace más intenso cuanto más nos resistimos a ello. La verdadera curación surge de ampliar su capacidad por incluir, estar con y, finalmente, abrazar todo aquello a lo que se ha estado resistiendo.

La integración no es negar o evitar, ni tampoco mantener un «pensamiento positivo». Es tener bien abiertos los ojos y ser consciente de las polaridades y emociones que han venido dominando nuestras vidas. En cuanto se integra algo, usted tiene la capacidad de ver las cosas tal como son, y no a través de sus miedos, de sus dudas y de su ira.

Me acuerdo de cómo he estado a merced de mis emociones; con cuánta facilidad y rapidez podía quedar destrozado, deprimido o encolerizado por los actos de los demás. Parecía como si los demás tuvieran control sobre mí, como si pudieran «hacerme» feliz, desgraciado, furioso o lo que fuera. Ésa era toda mi realidad. Yo no era la fuente de mi propia experiencia vital, lo eran los demás.

En 1977 escuché por primera vez, en un seminario, la idea de que podía crear mi propia realidad y de hacerme responsable de ella. Fue una experiencia poderosa y profunda. Sin embargo, la tomé simplemente en el plano intelectual.

Empecé a entender esa idea de la responsabilidad, de manera más completa, a través del rebirthing. A medida que vivía la presencia de las emociones, de los sentimientos y creencias que me dominaban, y no empecé a darme cuenta de que nunca había tenido la resolución necesaria para enfrentarme a ellos, hasta que comprendí lo que me estaba sucediendo.

El mayor impedimento que tenía entonces era una lesión que había sufrido en la espalda, y de la que no había sido lo suficientemente responsable. Creía simplemente que «me había sucedido». Me sentía una absoluta víctima de ello. Estaba seguro de que era algo irreparable, y de que cada vez iría empeorando,de modo que pronto me sentí absolutamente atenazado por esa idea.

Por supuesto que ya había tenido que hacer algunos «pagos» a esa pasada lesión, lo cual me proporcionaba una magnífica oportunidad para sentirme desconsolado. Desde mi más tierna infancia había aprendido que el desconsuelo proporciona ciertos beneficios. Sabía, por ejemplo, lo bien que se me atendía y cuidaba cuando estaba enfermo. De modo que di por sentado que lo mejor era adoptar el papel del desconsuelo, aunque me sintiese bien.

Tenía una gran carga emocional unida a aquel daño pasado, y vivía literalmente la zona lesionada hasta el punto en que sentía cómo se dividía mi cuerpo en dos, como si toda mi energía vital hubiera abandonado aquella parte de mi cuerpo.

Poco a poco me fui percatando de que, tanto si me gustaba como si no, la forma de liberarme de lo que me sucedía era hacerme dueño de mi propia vida y de lo que me sucedía.

Y así lo hice. Empecé a aceptar la idea de que yo había sido el origen de mi pasada lesión, y de todo cuanto me había sucedido en mi vida. A medida que lo fui haciendo, me fui liberando de mis superficiales «pagos», uno por uno, ganando mi propia fuerza personal y aproximándome a la curación.

Hace ya mucho tiempo que mi espalda se ha curado, hasta el punto que me parece como si jamás hubiera estado lesionada. Tampoco he vuelto a sentirme manipulado por los demás, en la medida en que antes lo había sido.

También he utilizado el rebirthing para decidirme a poner coto a otros miedos que me estaban limitando. Por ejemplo, desde niño siempre tuve mucho miedo a conducir un vehículo. Era un temor que había heredado de mi padre, y éste del suyo. Pero mi padre nunca me explicó por qué sentía tanto pánico a conducir, y yo tenía que darme cuenta de ello cada vez que íbamos a algún sitio. Las lecciones más memorables las vivía cuando teníamos que ir a casa de mis abuelos, que residían a unas ciento ochenta millas de nuestra casa. Si en condiciones normales la cosa ya resultaba bastante mala, se podrán imaginar lo que significaba el trayecto, en la época invernal, en una región como Dakota del Norte en la que siempre está nevando y helando.

Era algo horroroso; incluso peor que eso. Las tensiones y el miedo que se acumulaban eran más espesas que el puré de guisantes.

A fin de paliar su miedo, mi padre solía fumar mientras conducía. Yo «disfrutaba» mucho con ello, y por lo general solía mostrar mi agradecimiento mareándome intensamente. Ésta era mi contribución.

Naturalmente, cuando me hice mayor saqué mi carnet de conducir. Recuerdo mi primera experiencia en solitario, aunque se trató de un sencillo desplazamiento de un kilómetro por una ciudad de calles vacías. Estaba tan nervioso que no sé cómo pude hacerlo. Por una especie de milagro, olvidé dejar las llaves en el coche y tuve que regresar a casa conduciendo de nuevo.

Poco a poco fui aprendiendo a eliminar muchos de mis miedos y me convertí en un conductor aceptable. Pero los temores seguían existiendo dentro de mí; y aunque yo supiera cómo mantenerlos reprimidos, en ocasiones salían a la superficie, como en aquella ocasión en que tuve que conducir por una autopista de ocho canales desde Sacramento a San Francisco, mientras viajaba por California. ¡Estaba hecho un lío!

El rebirthing me permitió integrar estos miedos, de forma que desde hace mucho tiempo soy un excelente conductor. Estoy siempre muy atento al tráfico, y me siento completamente seguro. Soy capaz de vivir el momento presente y conduzco como hay que hacerlo, los ojos bien abiertos y atento al posible peligro.

Esto no quiere decir que no haya vuelto a sentir miedo u alguna otra de las llamadas emociones negativas. Por supuesto que sí. Pero lo importante es que ahora mantengo una relación muy diferente con ellas. Actúo como si estuvieran ahí para beneficio mío, más que para ser evitadas o resistidas. Cuando las siento, respiro y me libero de su energía.

Ello me permite ampliar la capacidad de poder entrar en otro tipo de sentimientos y ver qué se me quiere decir. Al mismo tiempo, esta actitud refuerza la idea de que todo está bien, y de que mi vida se halla tan abierta como debe ser. La unidad de conciencia es mi realidad, cada vez mayor.

Por tanto, ¿qué significa todo esto? Pues significa que ya no me encuentro a la merced de mis emociones. Eso no quiere decir que no sienta nunca estrés. Lo siento, como parte que es de la civilización actual. Pero puedo usar ese instrumento que es el rebirthing para limpiarme, equilibrarme y sanarme, con mis ejercicios diarios. Sus efectos son profundos y poderosos. Lo hago como puede hacerlo cualquiera, puesto que soy una persona corriente.

El sentimiento que produce un ciclo completo de energía es algo incomparable. El vivir plenamente tu cuerpo y toda tu potencia vital es excitante. Para mí es la prueba de que esta vida tiene verdadero sentido. Todo lo que hay que hacer es trabajar con ella.

Y tras haber superado mis miedos de automovilista y haber reconocido el origen de mis emociones, ¿qué más se produjo?

Pues no mucho más. Todo eso fue cosa de poca monta, comparado con el gran acontecimiento que me sucedió a principios de 1980.

En 1980, cuando me estaba preparando para ser monitor de rebirthing, oí hablar por vez primera de las predicciones sobre los cambios que se avecinaban en la Tierra. Sin embargo, por aquel tiempo me encontraba tan inmerso en mis propios problemas que no presté mucha atención al tema.

Mi primera lección real tuvo lugar durante las Navidades de 1981, cuando Leonard Orr dio un seminario en Theta House, un centro de rebirthing de San Francisco. Leyó un corto ensayo titulado *El último renacimiento, el del gran planeta Tierra*. Constituía un texto muy interesante. En él hablaba de los cambios que experimentaría la Tierra (terremotos, inundaciones, cambios del eje polar, etc.), todos los cuales sucederían en un futuro muy próximo, y aniquilarían al 90 por ciento de la población terrestre.

Podría haber considerado aquello como puras fantasías, pero no lo hice. En primer lugar, porque tenía mucha confianza y fe en Leonard, y, en segundo término, porque sabía desde hacía bastantes años que el planeta se encontraba a punto de sufrir graves desastres. Por eso me tomé en serio la información, y me convencí de que aquello era completamente cierto.

Me llevó varios meses integrar todas estas predicciones sobre «los cambios de la Tierra», que entonces se encontraban pasando por un intenso periodo de actividad, El término actividad debe entenderse como «terror». A medida que iba digiriendo aquellas informaciones empecé, poco a poco, a darme cuenta de que podía vivir perfectamente con esas predicciones, e incluso sentirme seguro. También me di cuenta de que el saber integrar todo este material hacía que me sintiera más enraizado en mi cuerpo, y más capacitado para vivir el presente. Descubrí que mi sentido de seguridad tenía un origen interior. Mi ser esencial pasaba sobre todo ello, como una criatura que se encontrase en los cielos, experimentando esta encarnación como un simple aspecto de sí mismo, y hallándose completamente preparado y a salvo. Con esta disposición me sentía capacitado para afrontar la que sería la fase más afortunada de mi carrera.

Lo que se me hizo claro fue el hecho de que habían sido *mis* temores sobre la supervivencia, y el de ser capaz de sentirme plenamente vivo y afortunado, los que habían sido activados a consecuencia de las predicciones sobre los «cambios de la Tierra». A medida que fui integrando mis miedos, logré profundizar más en mi verdadero ser. Aún había que aprender muchas cosas sobre dichas predicciones, pero yo todavía lo ignoraba. Finalmente, me sentía libre. Fue entonces cuando se me hicieron necesarias algunas «lecciones» más.

El siguiente episodio sucedió en 1986, cuando vi un vídeo de ocho horas de Ramantha titulado *Cambios*. Empecé diciéndome: «¡Otra vez, no!», y me dispuse a enfrentarme a la siguiente embestida informativa.

Me llevó un cierto tiempo, pero cuando logré metabolizar todo aquello me sentí de nuevo más fortalecido, y mi trabajo en el rebirthing se hizo mucho más acertado. La lección más grande estaba empezando a tomar forma.

Dígase de paso, que las predicciones de estos cambios geológicos incluían a California como una zona que sufriría terribles cataclismos, y que terminaría hundiéndose en el océano; de modo que no era ésa la región ideal para que uno pudiera salir bien librado.

Entonces empezó la tercera fase. En abril de 1992 tuve un nuevo cliente de rebirthing que, al ver un libro que yo tenía sobre los «círculos de cosechas», me preguntó sobre el tema. Hablamos durante un rato y, al cabo, me dijo si había oído hablar de Gordon Michel Scallion. Al contestarle negativamente, se puso a hablarme de él. Por supuesto, se trataba de nuevo de los cambios de la Tierra, pero en esta ocasión el tema se ampliaba. Scallion venía publicando una revista titulada *Earth Changes Report* en la que aparecían las predicciones más concretas que se habían hecho sobre los cambios y cataclismos de la Tierra, y en los que se había obtenido un 87 por ciento de aciertos. Entre las predicciones hechas se encontraba la del terremoto de Loma Prieta, cerca de San Francisco, de una intensidad 7,1, acaecido en octubre de 1989.

Creo que cuando concluimos aquella sesión, el que verdaderamente necesitaba del rebirthing era yo. Me encontraba totalmente conmocionado por esta nueva información. Resulta gracioso cuando ahora me acuerdo de lo sucedido, pero en su momento no tuvo ninguna gracia.

De modo que ahí estaba yo, teniendo que meterme de nuevo en la piscina de los cocodrilos, sin acabar de encontrar la salida acertada. Por supuesto que en aquellos días yo todavía no había oído nada sobre el Ojo Izquierdo de Horus, pero sabía que el verdadero propósito de un profeta no es acertar en su profecía, sino lograr despertar la conciencia de la gente. Si el profeta tiene verdadero éxito, atendemos a lo que nos dice y la profecía no tiene por qué cumplirse.

Es algo parecido a lo del viejo proverbio chino que dice: «Si no cambiamos de dirección, es probable que el viento nos lleve hacia donde vamos». Y hacia donde íbamos era directamente al desastre. La verdad es que no nos habíamos comportado como vigilantes conscientes de esa nave espacial que es la Tierra. Me sentía muy desconsolado, sabiendo que no tenía muchas oportunidades. Siempre que el miedo o la ira le dominan a uno, da la impresión de que no se tiene la menor oportunidad de librarse de ellos, pues se obra de forma enteramente automática. Así que, una vez más, estaba dentro de la piscina; y en el momento de mayor pánico, tenía que bucear más profundamente en mis miedos y desconsuelos. Por supuesto, me suscribí a la revista de Scallion y de este modo pude recibir mi dosis mensual de tratamiento de shock. En el mes de junio de 1992 vi los vídeos de Drunvalo y todo empezó a tener más sentido. Drunvalo presentaba un cuadro mucho mayor de lo que estaba pasando: la precesión de los equinoccios, el cambio de polaridad, etc. Estos cambios telúricos se producían cada trece mil años, con una precisión cronométrica. Como había transcurrido casi ese tiempo desde el último cambio, debíamos estar prevenidos.

También le oí decir a Drunvalo que debido a la intervención de las gentes de Sirio en 1972, y los increíbles acontecimientos que sucedieron a partir de entonces, podíamos confiar en que lo que iba a ocurrir próximamente sería más bien suave. Eso fue lo que escuché, pero no logré entender el verdadero significado de esas palabras hasta abril de 1993.

Para mí, la aportación de Drunvalo constituía la información que faltaba. Durante algún tiempo me había comprometido a encontrar las conexiones que aún faltaban. Reconozco que, a pesar de que la ayuda del rebirthing fue muy importante, no tenía una visión completa del asunto. Si uno puede crear un merkaba en su interior mediante la respiración, ¿por qué no podíamos también pasar de un mundo a otro, con ayuda de la respiración? ¿Por qué no se podía hacer todo? Hasta ese momento me había estado enfrentando con la parte negativa, con el lado oscuro de la información de los «cambios de la Tierra». ¿Pero quién habría de temer un regreso al Edén? La visión incompleta de un cuadro puede ser algo peligroso, especialmente si sólo se ve la parte oscura. Finalmente, en abril de 1993 todo empezó a tener sentido para mí. Si tanto nuestra realidad como lo que le sucedía a la Tierra era una función de la conciencia, teníamos poder para cambiar el futuro. Sabiendo esto, decidí hacer todo lo posible para asegurar que nuestro paso a la siguiente dimensión se hiciese de forma suave. Acababa de despertarme a lo que constituía mi definitivo objetivo, aquello para lo que realmente estaba aquí: para ser un maestro interdimensional que co-creaba el cielo y la tierra. Y eso mismo es usted. Mi trabajo consiste en recordárselo.

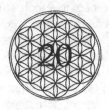

Sanación

Mi primera lección importante sobre la sanación la tuve en el verano de 1980, cuando estaba preparándome para hacerme monitor de rebirthing.

Pasé dos meses en Europa viajando y preparándome con Leonard Orr, el fundador del rebirthing. En Europa oí hablar mucho de Babaji, un maestro yogui al que se refiere Paramahansa Yogananda en su libro *Autobiografía de un yogui*.

Me enteré de que Babaji había materializado un nuevo cuerpo en 1970, y que pasaba la mayor parte de su tiempo en su ashram Herakhan, cerca de la ciudad de Haldwani, en el norte de la India. En Europa me encontré con algunas personas que habían estado en la India con Babaji. Todos tenían cosas que contar al respecto; cosas que iban desde lo «interesante» hasta lo «increíble».

Un amigo me contó que en cierta ocasión le cogió una tormenta estando con Babaji. Cuando, finalmente, consiguieron refugiarse, las ropas de mi amigo se encontraban totalmente empapadas, mientras que las de Babaji estaban absolutamente secas, pesar de que ambos habían estado bajo el mismo aguacero.

Figura 20-1. Babaji sentado en la posición del loto, sin comer ni beber, durante cuarenta y cinco días.

Oí cómo se había materializado y aparecido en una bola de luz a Leonard y a algunas otras personas, fenómeno que a éstas les había hecho viajar a la India para encontrarse con él. También escuché que para demostrar su magisterio en el yoga, Babaji había permanecido en la posición del loto, sin moverse, durante cuarenta y cinco días. Permaneció inmóvil, sin comer ni beber, sin hacer otra cosa que meditar durante cuarenta y cinco días (figura 20-1). Quedé también muy impresionado por una frase de Babaji: «Si vienes a mí con dudas, te daré todas las razones para que sigas dudando. Si vienes a mí con amor, te mostraré más de lo que nunca hayas podido saber». Comprendí que era importante permanecer abierto ante la posibilidad de que Babaji fuera lo que los demás decían que era. Sabía también que si me cerraba a tal posibilidad, me quedaría simplemente en el terreno de las dudas.

Así que me mantuve abierto. A consecuencia de ello empecé a sentir una progresiva sensación de unión con él.

Toda mi experiencia europea fue una continua lección de dejarse llevar y de confianza. La cosa empezó al no tener dinero más que para el viaje de ida a Londres. Eso significaba que tendría que ganar lo suficiente para poder realizar el resto del viaje, enseñando a los demás lo que yo estaba aprendiendo; puesto que, en realidad, estaba aprendiendo. Todo ello me dio una clara idea de lo que significaba estar en el vacío. Mi viejo mundo se había derrumbado, y el nuevo todavía no se encontraba plenamente en su sitio.

Recuerdo que llegué a Estocolmo con mi compañero de viaje, un día a las dos de la madrugada. Como no conocíamos a nadie ni teníamos ningún sitio adonde ir, decidimos recurrir al local que Leonard tenía destinado para los seminarios y clases de rebirthing. Cuando llegamos allí nos encontramos con una nota en la puerta que decía que no había nadie, ya que las clases se estaban dando en una granja en el campo, a muchas millas de la ciudad.

Por allí no había nadie, pero a eso de las tres de la madrugada pasó una señora que, afortunadamente, hablaba inglés. Cuando le preguntamos si sabía dónde se encontraba la granja, nos dio una explicación completa del sitio y de cómo se podía llegar a él en autobús. Además nos ofreció su apartamento para que durmiéramos aquella noche.

Sentía la presencia de Babaji, y sabía que mientras confiara y me dejara llevar, sería guiado adonde tuviera que ir y a lo que necesitara aprender. Desde ese momento sentí una relación personal con Babaji. Ahora puedo sentir su presencia siempre que la solicito.

Cuando regresé a casa, me encontré con que mi gato Freddie, que siempre se había mostrado muy sano, tenía paralizados los cuartos traseros. No sufría, pero no podía utilizar sus patas traseras y sólo lograba moverse impulsándose con las delanteras. Le llevé al veterinario, pero éste no tenía idea de lo que le podía pasar y no dio ninguna solución. Empecé a asustarme, pensando que aquello podía ser grave. Freddie se mantenía tan tranquilo, apacible y cariñoso que su actitud todavía hacía las cosas más dolorosas para mí.

Entonces tuve una visión, una visión muy clara de que no había ninguna razón, absolutamente ninguna, para que Freddie no estuviera perfectamente sano. La visión se hizo cada vez más clara y fuerte, hasta el momento en que sentí con total certeza que Freddie estaba normal y saludable.

Freddie empezó a curarse, y en poco tiempo estuvo totalmente repuesto. Nunca más volvió a tener síntomas de parálisis.

Un día Freddie regresó a casa con un párpado cerrado. Siguió así durante dos o tres semanas. Cuando finalmente lo abrió, el ojo era la cosa más fea que haya visto nunca. El globo ocular tenía tal aspecto que parecía que iba a perder el ojo irremediablemente.

De nuevo lo llevé al veterinario, que dio muy pocas posibilidades de recuperación. Me dio un medicamento para el gato y me deseó suerte. También me advirtió que era importante que volviese al cabo de unos días, para que se le vaciase el ojo al gato.

Una vez más empecé a tener la visión de que Freddie se encontraba perfectamente. La visión se intensificó hasta el punto de que pude verlo con una absoluta certeza y claridad. Inmediatamente el ojo de Freddie empezó a sanar. Se curó de tal modo que no quedó la menor secuela de su pasada enfermedad. Le llevé al veterinario para que confirmase el hecho; el hombre no podía creerlo. Jamás había visto una curación como aquélla.

A través de estas dos experiencias, supe de forma intuitiva que había sido Babaji el que había estado actuando, por medio de Freddie, para enseñarme el proceso de curación. Y lo hacía a través de Freddie, porque por aquella época yo sentía más amor por mis gatos que por mí mismo.

Por entonces yo tenía la espalda muy dañada por mi pasada enfermedad, y Freddie sirvió como intérprete de mi dolencia. Yo estaba convencido de que no podía curarme y de que mi espalda iría cada vez peor. Tal vez no hubiera aprendido la lección si el caso se hubiera aplicado directamente a mí.

Un día me encontraba meditando mientras contemplaba un poster de Babaji (figura 20-2). De repente, una voz interior preguntó: «Babaji, ¿fuiste tú?». La imagen de Babaji se animó inmediatamente, volviéndose algo vivo. Me sonrió de forma directa y movió la cabeza afirmativamente. Comprendí el mensaje.

Aprendí mucho sobre sanación, de estas experiencias. Aprendí el hecho fundamental de actuar desde el corazón. También aprendí la importancia que tenía el hecho de abandonar mi sistema anterior de creencias, y adoptar una disposición de apertura a la sanación, a fin de poder verla, sentirla y conocerla con certeza.

Como dije anteriormente, he curado mi espalda. También he logrado curar mi sistema respiratorio. Para mí esto último no es menos importante, porque siendo niño tuve muchos trastornos respiratorios, que incluían alergías, fiebre del heno y frecuentes resfriados.

Me diagnosticaron una alergia a prácticamente todo. La fiebre del heno me postraba durante la primavera y el verano, y mis catarros eran continuos y me hacían estar en cama a veces días, y a veces semanas. Pero eso es historia pasada. Se me hace evidente que todo puede ser curado por medio de una combinación adecuada de mente, respiración y corazón.

La enfermedad no es algo que simplemente nos ocurre. Es la consecuencia del mal uso de la respiración, de los pensamientos, de los sentimientos y las acciones.

Los pensamientos, los sentimientos y acciones crean su propia realidad, y ésta incluye la salud.

Figura 20- 2

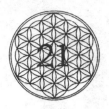

Contexto vital

¿Qué quiero decir cuando hablo de contexto? Primero, hagamos una distinción entre contexto y contenido. Contenido es la cosa en sí misma, y contexto es la relación o la actitud que usted tiene con ella.

En el rebirthing, la respiración conectada permite que todos los contenidos mentales que se han reprimido afloren a su conciencia, o entren en actividad, de manera que usted pueda sentirlos. La razón por la cual esos contenidos fueron reprimidos se debió a que su relación o actitud hacia ellos, o el contexto en que se encontraban, fue la de considerarlos incorrectos. De otro modo, no los hubiera reprimido.

En rebirthing se aprende a cambiar la relación con los contenidos reprimidos, pasándolos de incorrectos a aceptados o, lo que es igual, llevándolos de un contexto negativo a otro positivo. Esto es lo que permite que tenga lugar la integración o complementación.

Pero al llegar a cierto punto, las incorrecciones mayores, o juicios negativos sobre algún aspecto de su carácter, se hacen conscientes. Esto favorece las condiciones de que se generen incorrecciones menores. Por «condición», entiendo una estructura inconsciente de creencias, y que por tanto no ha sido examinada ni cuestionada, y que se convierte en el filtro a través del cual uno ve la vida de forma inconveniente. Por supuesto que no es necesario que estemos pensando en ella conscientemente todo el tiempo pero, por lo general, solemos vivir la vida de forma inconsciente. Es necesario, pues, tener un contexto –un contexto vital si se quiere–, que incluya ese contenido. Al carecer de él, la condición, o conjunto de creencias, se convierte en nuestro contexto vital inconsciente.

Por último, es necesario disponer de un contexto vital lo suficientemente grande como para que pueda incluir cualquier pensamiento restrictivo o condición que se haga consciente. Ésta es la razón que nos lleva a aceptar la idea de los ángeles, los alienígenas, los supertonos o Babaji. Dentro de este contexto, los pensamientos restrictivos se convierten en aliados; pueden surgir dentro del otro contexto mayor, se alinean con él y, como resultado, quedan resueltos.

En ausencia de ese contexto creado conscientemente, los contenidos mentales se manifestarán de una forma que evidenciará la imposibilidad de que puedan ser trabajados.

Clarificación mental 101

Recuerde que el principio básico es que cuando usted crea un contexto vital, cualquier cosa que sea distinta o menos pura que él, aflorará a su atención. Sólo la respiración permitirá que lo haga de modo que pueda quedar resuelto.

Supongamos –como una analogía– que usted tiene un vaso de agua con un poso de barro de varios centímetros. Si echa agua fresca en el vaso (contexto vital) se formará inmediatamente un líquido embarrado (los pensamientos inconscientes impuros que vienen al plano consciente). Pero si usted sigue echando agua limpia en el vaso, el barro acabará diluyéndose y desapareciendo, y en el vaso sólo quedará el agua limpia. Lo mismo sucede con el proceso mental, y para conseguirlo le voy a explicar dos métodos.

El primero consiste en la utilización de afirmaciones que sacan partido de ese principio de cambio mental. Una vez que ha escrito sus afirmaciones, deténgase un momento y compruebe si tiene alguna respuesta para ellas. Si es así, apúntela. Después vuelva a escribir la afirmación y siga con el proceso hasta que su respuesta empiece a estar de acuerdo con la afirmación. Tal adecuación llevará algún tiempo, que puede oscilar entre unos días y unas semanas.

Afirmación	Respuesta
Soy un maestro que está aquí para co-crear el cielo en la Tierra	Debes estar bromeando
Soy un maestro que está aquí para co-crear el cielo en la Tierra	¡Dame un respiro!
Soy un maestro que está aquí para co-crear el cielo en la Tierra	Eso es la cosa más chusca que haya oído en mi vida
Soy un maestro que está aquí para co-crear el cielo en la Tierra	Quizá no sea la cosa más chusca que haya oído en mi vida
Soy un maestro que está aquí para co-crear el cielo en la Tierra	Me pregunto si eso será posible
Soy un maestro que está aquí para co-crear el cielo en la Tierra	Hmm. Tendré que pensarlo

El otro método me lo dio un amigo y compañero de rebirthing, de nombre Seth Bartlett, también conocido como Dhyana Yogi. Se denomina «Meditación del pensamiento básico».

Meditación del pensamiento básico

1. Escriba, de forma suficientemente inteligible, todos los pensamientos que se le ocurran durante cinco a diez minutos. No trate de censurarlos, de evitarlos o de seguir una determinada línea de razonamiento. Límitese a poner en el papel lo que fluye a su mente.
2. Léalos durante unos minutos y ponga un círculo a aquel pen-

samiento o idea que incluye que «algo se hace mal». Es decir, subraye cualquier pensamiento por el que usted juzgue que algo «no está bien», que es «malo» o «equivocado». Por ejemplo: José me vuelve loco.

3. En otra página escriba, pensamiento a pensamiento, una lista de conceptos positivos opuestos a los que subrayó previamente. Utilice la fórmula:

Es bueno para ....que ....
....
Ejemplo: Es bueno para *mí creer* que *José me vuelve loco.*

4. En otra página –y siempre pensamiento a pensamiento– exprese su gratitud por los pensamientos que ha subrayado previamente. Utilice la fórmula:

Me siento agradecido por ....
porque ....

Ejemplo: Me siento agradecido *por pensar que José me vuelve loco* porque *eso me da la oportunidad de responsabilizarme de mis propias emociones.*

Indicaciones útiles

1. El desarrollar un contexto de gratitud por medio de la lógica constituye un ejercicio mental. Hágalo de forma automática. No es necesario que crea lo que escribe, o experimentar sentimientos de gratitud. Simplemente escriba cualquier contexto en el que usted vea una base lógica para la gratitud.
2. Busque el valor que pueda haber en esa situación, experiencia o lo que sea que le hace sentirse mal. Si busca intensamente siempre encontrará algo de valor.
3. Intente poner orden en aquello que juzga que está mal, adecuándolo a lo que debe ser; después escriba las razones que le impulsan a hacerlo.
4. Advierta cómo su cuerpo está percibiendo ciertos sentimientos. Así es como usted lo planificó y, por tanto, escriba por qué

lo hizo. Al final, se sentirá agradecido por su capacidad para sentir. El exagerar de forma entusiasta los sentimientos producirá tensiones corporales para defenderse de lo que ha hecho mal. En este punto, lo que está vivenciando puede resultar incluso cómico.

5. Dése cuenta de que lo que está haciendo mal, no es en el fondo tan malo. Incluso debe sentirse agradecido que sea como es.
6. Céntrese en el sentimiento de gratitud por estar vivo. Comprenda que sea lo que fuere lo que está haciendo mal, ello forma parte de su vida presente. Hasta es un milagro que aquello que esté haciendo mal también pueda existir, y que suceda en el momento más conveniente para usted.
7. No compare nada de lo que esté haciendo mal con nadie que no sea usted. Debiera sentirse agradecido por el hecho de darse cuenta de que está obrando mal, especialmente si con ello puede dejar de hacerlo.
9. Sea amable, tierno y paciente consigo mismo. Muestre un amor incondicional por todo cuanto le constituye. Extienda ese amor a todos los aspectos de su experiencia.

¿Quién soy yo?

Todos los temas y vivencias que traté de desentrañar y conocer fueron cosas que estuvieron impidiéndome vivir plenamente. De hecho, toda esa maraña de acontecimientos de «ahí afuera» (los temores por los cambios de la Tierra, por la alteración del medio ambiente, por los gobiernos secretos, etc.) no constituyen otra cosa que la representación de mi propio estado interior. Eran las lentes a través de las cuales estaba viendo inadecuadamente la vida.

Para poder curarme del miedo necesito crear la confianza y seguridad que me permitan experimentarlo plenamente, en lugar de quedarme paralizado por él. En otras palabras, necesito disponer de un contexto que sea lo suficientemente amplio como para que pueda incluir cuanto me preocupa, incluso la muerte.

La filosofía inmortalista empieza por preguntarse si la muerte es o no inevitable, y si se halla más allá de nuestro control. El mero hecho de formularse la pregunta ya resulta muy válido, porque permite un cambio en nuestra situación de víctimas. Porque, después de todo, ¿qué mejor forma de ser víctima que la creencia de que uno no tiene nada que decir sobre el destino de su cuerpo físico?

Recuerde también que cuanto usted piensa que es cierto, con respecto a su vida, es algo que estará creando inevitablemente. Mientras tanto, usted no podrá vivir plenamente porque seguirá suprimiendo cualquier pensamiento o sensación que se encuentren asociadas con sus creencias inconscientes sobre la muerte.

La filosofía de la inmortalidad le ayuda a responsabilizarse de estos pensamientos y sentimientos, proporcionándole un contexto lo suficientemente amplio como para poder contenerlos. De este modo pueden ser resueltos, igual que cualquier otro tipo de pensamientos o sentimientos.

Lo que resultó más falso para mí fue el miedo a que se pudiera producir una catástrofe universal. Por otro lado, éste constituía el único problema de envergadura que me absorbía por entero.

Todavía faltaba algo por saber, y ese algo era lo que motivaba mi problema. Pensé que tenía el contexto definitivo, pero terminé dándome cuenta de que no era así.

Lo que me faltaba era la idea de que nuestra verdadera naturaleza es la de seres interdimensionales que existimos a la vez en diferentes dimensiones. En nuestros aspectos más elevados, ya somos seres de conciencia crística. Somos seres espirituales que estamos teniendo una experiencia humana aquí, en la tercera dimensión. El hecho de tener esta conciencia permite que podamos vivir nuestra vida en su verdadero contexto.

Nuestra misión es despertar a nuestra verdadera naturaleza, de forma que podamos llevar a cabo lo que hemos venido a hacer aquí. Nuestro auténtico objetivo es traer la luz y la sabiduría dimensional más alta para co-crear el cielo en la tierra, y para asistir al nacimiento del planeta en la cuarta dimensión.

Todo este proceso es como un parto; de hecho es un parto. Cuanto más conscientes y despiertos estemos, más capacitados nos encontraremos para ayudar sabiamente al planeta. Este viaje puede ser muy excitante y seguro, pero sólo si lo hacemos así.

Confrontemos esta disposición con su opuesta. Si estamos dormidos y llenos de temor, el nacimiento será un reflejo de tales estados; una experiencia plena de miedo, de dolor y de lucha.

Todo el planeta, y los que habitamos en él, nos hallamos sometidos a los sufrimientos de este cambio. Todos estamos mutando; el planeta se encuentra en un punto de transición e igualmente nosotros, en nuestro plano individual. Algunos somos más conscientes de ello que otros. Esto significa que podemos vivenciar el gozo de que nos recorra una corriente de luz, y también el inconveniente de que se disipe nuestro viejo mundo antes de que se haya formado totalmente el nuevo.

Nos guste o no, todos estamos mutando; y si nos resistimos a ello, puede ser penoso. Si usted intenta regresar a su vieja forma de ser, la cosa no funcionará en absoluto. Pero si empieza a identificarse como un maestro que está co-creando aquí el cielo sobre la Tierra, se estará moviendo en la dirección de la transformación y, por tanto, la estará ayudando. Podrá encontrar su camino más fácilmente.

Creamos indefectiblemente nuestra realidad. De hecho, todo cuanto vemos en el exterior es un simple reflejo de nuestros contenidos internos. Si vemos miedo y limitación, es porque esas emociones están dentro de nosotros,

A medida que despertamos a nuestra verdadera naturaleza e identidad, como el maestro que en realidad somos, ello se convierte en nuestra experiencia interior. Cuanto más interna se vuelve esta experiencia, más capaces somos de proyectarla fuera de nosotros, y al hacerlo, estamos co-creando el cielo en la Tierra. Tenemos capacidad para cambiar el futuro. Todo es una función de nuestra conciencia.

La segunda venida de Cristo no es la segunda venida de un hombre; es, más bien, una emanación de la luminiscencia que existe en todos los seres que se encuentran preparados. Los seres de este planeta se están iluminando desde su propio interior, y empiezan a confiar más en su propia autoridad interna. Los Grises ya se han ido. Se está modificando el equilibrio.

A medida que esto vaya sucediendo, el planeta tendrá menos trabajo que hacer. En cierto momento se alcanzará un nivel exponencial, se producirá el salto en la conciencia y la dimensionalidad, y el planeta se iluminará desde dentro.

No vamos a elevarnos y abandonar este mundo; vamos a convertirnos en cuerpos luminosos y permanecer aquí, pero en el nivel de la cuarta dimensión. ¡Buen viaje!

Perfección

esde el primer momento en que vi los vídeos de
Drunvalo, me propuse asistir personalmente a uno de
sus seminarios. Mi primer contacto con él lo tuve en
febrero de 1993, para solicitarle autorización a fin de
poder utilizar parte de su material, y rogarle que me incluyera en
su lista de receptores de sus envíos por correo. Me dijo que me
incluiría en dicha lista, pero nunca más volví a tener noticias de
él. De hecho, nada supe hasta diciembre de 1993, cuando mi
amigo Alfred Lee me informó de que Drunvalo daría un seminario en enero de 1994, el último sobre la «Flor de la Vida» que
daría personalmente.

Decidí asistir, juntamente con mi compañera Lois y mi amigo
Alfred, pero cuando llamé para que me incluyeran entre los asistentes me dijeron que ya no había plazas. Nos dijeron que quedábamos
en lista de espera, pero que no había muchas posibilidades de anulación de plazas; de todas formas, nos informaron de que Drunvalo
estaba considerando la opción de dar un último seminario en abril.

Pasaron las fechas de enero sin recibir la menor noticia, y
como ya no nos habíamos hecho muchas ilusiones sobre la posibilidad de asistir a ese seminario, preferí olvidarme del asunto.

Después, un día de finales de febrero, cuando estaba considerando la conveniencia de llamar a Drunvalo para informarme sobre su próximo y último seminario, sonó el teléfono. Al otro lado de la línea estaba Drunvalo Melquisedec. La «coincidencia» me dejó asombrado. Me dijo que se había decidido finalmente a dar un seminario final en el mes de abril en Austin, Texas. El seminario duraría seis días para desarrollar la parte correspondiente a la «Flor de la Vida», con otros tres días adicionales dedicados a desarrollar el cuerpo emocional. Todo ello con el objetivo de establecer firme contacto con nuestro yo superior. Me dijo que había plazas para Lois y para mí, y me preguntó si seguíamos interesados en asistir.

Por supuesto, yo estaba interesado. Llamé inmediatamente a Alfred para saber si también iba a venir. Después llamé a mi hijo Brett que, juntamente con Lois y conmigo, había asistido al seminario de vídeos de junio de 1992, y que había demostrado un interés en los trabajos de Drunvalo similar al mío. Brett estaba estudiando tercer año de Derecho, y a la sazón se encontraba muy ocupado. No obstante, no lo estaba tanto como para desestimar esta oportunidad, e inmediatamente me dijo que quería asistir al seminario.

Durante nuestra conversación telefónica, Drunvalo me dijo que estaba dando un nuevo giro a sus talleres, en el sentido de convertirlos en cursos de entrenamiento, de manera que aquellos asistentes que lo desearan se pudieran convertir en una especie de monitores. Esto significaba para mí la culminación de todos mis sueños y deseos; era el perfecto punto final a tres años de intensa investigación.

En mis años como monitor de rebirthing y director de seminarios había logrado un buen nivel de éxitos. Pero, a pesar de ello, hacía tiempo que venía dándome cuenta de lo que *no estaba* funcionando.

Yo observaba que, en el fondo, se venía produciendo en mí una lucha. Había trabajado mucho con las emociones, pero cada vez confiaba menos en mi trabajo debido a la dualidad producida por mi cerebro izquierdo. Al mismo tiempo, me estaba volviendo más desilusionado con muchas de las cosas que observaba en el movimiento de la New Age. Veía a mucha gente que no se cansaba de hablar de amor y de unidad, y que actuaba «como si» la vida fuera algo maravilloso, pero que estaban completamente desconectados de la realidad. Era como si se hubieran puesto unas anteojeras que les impidieran ver cualquier tipo de negatividad existente; al obrar así, aunque estuvieran hablando de unidad, lo único que estaban creando era una gran separación.

También vivía conflictos con mi trabajo de rebirthing, que me parecía algo rancio. Se estaba convirtiendo en algo anticuado; seguía trabajando con los mismos métodos de siempre, que ya no funcionaban. Parecía como si el rebirthing [renacimiento, en castellano] necesitase también ser renacido. En cualquier caso la experiencia que yo tenía de él demandaba un nuevo enfoque.

Por todo eso, hacía tres años (justamente en la fecha en que empezó este relato) que había decidido dejar que las cosas siguieran su curso, sin mantener ninguna lucha conmigo mismo. Opté por hacer solamente lo que yo quisiera hacer, y permitir que la parte lógica de mi cerebro izquierdo se manifestase a su placer, incluyendo toda la dualidad y separación que se me hacían evidentes, hasta el momento en que se produjese una integración total. Entonces, y sólo entonces, podría confiar y creer en la intuición de mi cerebro derecho.

Nuestra naturaleza intuitiva necesita del apoyo y de la confianza totales de nuestras mentes razonadoras, a fin de que pueda afianzarse debidamente. Es esa mente razonadora la que necesita ver la forma existente tras toda realidad, y cuyo substrato es la base que todo lo unifica. Solamente a partir de esta comprensión del cerebro izquierdo podemos abrir nuestros corazones y sentir la conexión que nuestra mente razonadora sin duda ya sabe que existe. De este modo nuestras mentes lógicas pueden soportar de forma plena lo que sentimos intuitivamente.

Ahora comprendo que esta época de mi vida en que dejé que las cosas siguieran su curso, permitió que se crease el espacio necesario para que surgiese lo verdaderamente *real*.

Así pues, nos fuimos a Austin. Estaba seguro de que el taller de trabajo sería válido, pero no tenía idea de lo que me esperaba. No se trataba de que ignorase el tipo de material con el que iba a trabajar, puesto que ya me había familiarizado mucho con él, exceptuando la pequeña parte que se refería al reciente viaje hecho por Drunvalo a Inglaterra. No obstante, el hecho de conocerlo personalmente constituía una excelente oportunidad para poder formularle preguntas de forma directa. Decidí permitir a mi cerebro izquierdo que preguntase lo que quisiera. Ahora bien, el hecho de que se pudieran formular toda una serie de preguntas era algo magnífico, pero era sólo el principio.

El aspecto experimental del taller era algo absolutamente increíble. Formábamos un grupo de unidad de conciencia, como si constituyéramos un único ser vivo. Representábamos distintos aspectos de la totalidad, cual si fuéramos células de un único cuerpo. En esencia, creamos una realidad de cuatro dimensiones.

Todo empezó con la presencia del propio Drunvalo, a quien considero la encarnación total de la unidad de conciencia. Parece como si siempre estuviera viviendo en el momento presente, experimentando una atención total de su íntima conexión con todo el proceso vital. Nos dijo que haría lo posible para presentarnos convenientemente todo el material del curso, y cumplió su palabra. En todo momento se hallaba disponible para cualquiera que lo necesitase, sin que jamás mostrase el menor signo de cansancio. Constituía la vivacidad plena, unida a la frescura e inocencia de un niño, si bien siempre sabía controlar cuanto estaba sucediendo. Parecía un ser absolutamente natural y libre de prejuicios.

Para ser sincero diré que jamás he visto un ser como él. Para mí su faceta más significativa era la de constituir una especie de catalizador, que nos mostraba el hecho de que todos poseemos esa especial cualidad de ver, de vivir y de estar con el Ser Único que se encuentra en todos y en todo. Drunvalo insistía en que todos formábamos parte de Dios, y que ninguno era mejor que otro. No se consideraba ni maestro ni gurú, sino un catalizador plenamente comprometido en la tarea de mostrarnos a todos nuestra auténtica naturaleza.

En un determinado momento del seminario se nos enseñó a ver el aura, mediante la técnica de enfocar nuestra mirada de una forma diferente, lo que podríamos denominar «un enfoque blando». Comprobamos este tipo de enfoque de la visión sobre uno de los asistentes que se prestó voluntario; estaba vestido con ropas blancas y permanecía de pie sobre un fondo asimismo blanco, envuelto por una luz tamizada. En esas condiciones pudimos ver el aura emanando de toda su persona.

El tercer y último voluntario fue Drunvalo. Vi su aura, pero lo que realmente me asombró fue el constante cambio de su imagen.

Se transformaba con una rapidez vertiginosa, como si en él hubieran tres o cuatro personas diferentes. Le dije lo que había visto y le pedí que me explicara ese fenómeno. Me respondió que aquel taller de trabajo había sido dirigido por él, juntamente con Toth y los otros cuatro Melquisedecs que habitan en el planeta. Me dijo que la energía de estos seres se hallaba presente y surgía a la superficie cuando entre ellos trabajaban algún tema. Entonces empezó a hablarme de su experiencia como «protagonista». Nos dijo que todos éramos unos simples protagonistas en este mundo, y que muy probablemente el momento en que percibíamos nuestra transformación física era en alguna vivencia límite, cercana a la muerte. Estas palabras parecieron resonar en cada una de las células de mi cuerpo.

Inmediatamente recordé una de estas experiencias límite que viví estando en Amsterdam, en el verano de 1980.

Dicha experiencia sucedió durante mi primer año de entrenamiento como monitor de rebirthing. A lo largo de algunas semanas había venido percibiendo sensaciones muy intensas que, finalmente, llegaron a su clímax una noche. Pude sentir en ese momento cómo la energía vital salía de mi cuerpo, al igual que el aire que se escapa de un globo. Mis amigos me dijeron, más tarde, que me había puesto muy pálido. En aquel momento, sentí como si me encontrara fuera de mi cuerpo, y estuviera siendo un mero testigo de lo que me ocurría. No sentí miedo, ni pánico. Simplemente observaba lo que estaba pasando. Estoy seguro que mi creencia en la inmortalidad me mantuvo en un estado de plena seguridad. Al cabo de unos minutos, regresé a mi cuerpo y pude hablar de lo que me acababa de suceder con mis amigos, que habían presenciado el fenómeno.

¿Pudo ser ésta mi experiencia de «protagonista»? Lo que recordaba de ella parecía decirme que sí. He logrado aprender los mensajes que me da mi cuerpo, y ésta fue una de las señales más claras que haya recibido nunca.

Drunvalo siguió diciendo cómo en nuestro papel de protagonistas asumimos el karma en nuestro cuerpo, y que también lo podemos utilizar al igual que la memoria acumulada. Muy probablemente uno no se da plena cuenta de que es un simple actor hasta que llega el momento oportuno. Y ese momento, añadió, ha llegado.

No es una mera casualidad que usted, lector, sea también un

protagonista de una dimensión superior, y que la lectura de estas páginas llegue a servirle como catalizador para alertar su propia memoria. Si le sucede así, ¡enhorabuena!

También aprendí que, al igual que todo lo demás, existimos en una trinidad. Tenemos un yo superior, un yo intermedio (es decir, nosotros mismos, en nuestros cuerpos) y un yo inferior. A fin de contactar con el yo superior, es necesario que, en primer lugar, contactemos con el yo inferior. No hay otra forma.

El yo inferior es nuestra mente subconsciente, y es como un niño de dos a seis años de edad. La forma de contactar con este yo inferior es convirtiéndonos de nuevo en niños, lo que significa aprender a ser juguetones de nuevo. Significa también ser inocentes y sensitivos, permitiendo que nuestro corazón se abra y conecte nuevamente con la naturaleza. Nunca podremos establecer contacto con este yo inferior si vemos la vida con la mente de un adulto sofisticado; de esa manera no van a funcionar las cosas.

El yo inferior no es solamente nuestra mente subconsciente, sino que es la mente subconsciente del planeta entero, con el cual estamos en contacto. Hemos perdido esta conexión, hemos cortado nuestra relación con la tierra, y necesitamos urgentemente volver a establecerla.

En cuanto usted logre contactar con su yo inferior, estará capacitado para hacerlo con su yo superior: pero no puede violentar esta unión, que sólo sucederá de forma espontánea cuando el yo inferior compruebe que usted se halla preparado; sólo entonces establecerá ese contacto.

Me di cuenta de que yo ya había avanzado mucho en ese proceso de acercamiento. Todo empezó en 1970 cuando abandoné mi carrera de pedagogía. Tenía veintiséis años y no podía ingresar en el ejército. Me oponía totalmente a la guerra del Vietnam, y me había prometido no participar en ella. En 1970 daba clases por libre en un sistema, del cual podía ver claramente que no funcionaba; así que decidí hacer solamente lo que quisiera hacer, y vivir lo más alegremente posible.

A partir de 1970 empecé a desarrollar una conexión maravillosa e íntima con los elementos y con el planeta. Todos ellos se convirtieron en seres completamente vivos para mí, y empecé a amarles profundamente. Sin embargo, había perdido mucha de mi capacidad para la alegría y la inocencia, y esto me llevó hace tres años a emprender un gran cambio, encontrándome en la actualidad en camino de recuperar esas cualidades.

Me alegró mucho escuchar a Drunvalo contar que él había hecho lo mismo por razones similares a las mías. En su caso, lo había hecho de forma mucho más intensa, para poder conectar *realmente* con la Tierra.

Durante otra sesión dirigida que tuvimos en el seminario, me topé con mi yo superior en forma de dos ángeles, uno femenino y. otro masculino. En esa ocasión pedí una «prueba» de que mi conexión fuera real. La «prueba» llegó de la siguiente manera.

Drunvalo nos había dicho, al principio del seminario, que el último día haríamos una excursión al campo para experimentar nuestra interconexión con la vida. Nos dijo que iríamos a dos lugares muy hermosos, cosa sobre la que yo mantuve mis dudas, pues mi idea de Texas era la de una región ganadera y áspera, con muy pocos atractivos. Pero estaba equivocado, porque en realidad fuimos a dos sitios muy especiales y bellos.

En primer lugar, descendimos por un largo sendero hasta llegar a una corriente de agua que nos condujo a un lugar de cuento de hadas. Era un precioso estanque con una gruta semicircular, algo así como un anfiteatro excavado en la tierra. Allí estuvimos durante un par de horas conectando con la naturaleza y practicando la meditación de la decimocuarta respiración.

Estábamos a punto de abandonar el paraje, cuando vi algunos peces en el agua y me agaché para mirarlos mejor. El agua estaba muy tranquila y transparente y pude ver cómo nadaban a mi alrededor sin preocuparse por mi presencia. Enseguida apareció otro pez, de un tamaño doble de los anteriores, que se acercó tanto que pude establecer con él un contacto de ojo a ojo. Me arrodillé para acercarme lo más posible al agua. Estábamos separados por una distancia de apenas un metro, y mantuvimos ese contacto visual durante algunos minutos. Este pez tenía una especie de «atención» consciente, absolutamente diferente a la de los otros que no se preocupaban en absoluto por nosotros. De pronto, el pez se alejó unos cuantos metros, pero regresó de inmediato y reanudó el contacto visual conmigo. Esta vez la cosa duró un par de minutos más.

Yo ya había mantenido contacto con otros animales, con ardillas, mapaches, zorros y, en una ocasión incluso pude acercarme lo suficiente para acariciar un ciervo. Pero jamás había tenido ocasión de contactar con un pez. La experiencia fue sorprendente. Me di cuenta de que había ascendido algunos supertonos en la realización del estado de conciencia que se había establecido en el seminario como objetivo para ese día: sentir la naturaleza como una presencia viva, y observar la presencia del Espíritu en todo.

¿Fue ésta la prueba que yo le había pedido a los ángeles? Al inicio de la semana habíamos estado hablando de cómo los «hermanos espaciales» pertenecientes a dimensiones superiores pueden venir a nosotros para saludarnos, adoptando la forma que sea más adecuada en el momento.

El desayuno del día siguiente fue la ocasión para los últimos saludos y las despedidas. La mayoría de los asistentes tenía que coger un vuelo esa misma mañana.

En nuestra mesa la conversación se centró en una pareja que estaba esperando el nacimiento de su hijo en las semanas siguientes, y que tenía pensado hacer el alumbramiento en el agua. Yo les ofrecí toda mi ayuda, y les dije que tenía mucha importancia el hecho de que el cordón umbilical se mantuviera intacto durante unas cuatro horas, para que el recién nacido tuviera tiempo de aprender a respirar, y no obligarle a respirar bruscamente, como suele hacerse. Todo el mundo escuchaba con mucho interés. Me hicieron un buen número de preguntas y, en unos minutos, me encontré siendo el centro de atención, mientras explicaba los numerosos beneficios que proporciona el rebirthing. Una compañera, una señora que hasta el momento no había dicho gran cosa pero que había estado tomando buena nota nota de todo, dijo, repentinamente, si podríamos tener una sesión allí mismo. El hacer tal cosa era lo último que se me hubiera ocurrido. Le respondí que no creía que fuera posible, porque necesitábamos un sitio apropiado y tranquilo, y al mediodía tendríamos que abandonar nuestras habitaciones. «Bueno», dijo ella, «pero no son más que las diez.» Me di perfecta cuenta del mucho interés que tenía en conocer el método, y me pareció imposible decirle que no. Sentí como si algo me estuviera llegando de niveles superiores.

A lo largo del seminario, muchos de los asistentes habían pasado por grandes momentos de intensidad emocional. Yo había presenciado muchas veces un fenómeno que ya se había hecho muy familiar para mí, y que consistía en que ciertas personas vivían de forma espontánea sesiones de rebirthing, en el transcurso de fuertes crisis emocionales. La medicina convencional denominaba a tales trances «estados de hiperventilación», sin saber lo que realmente estaba sucediendo, y normalmente intervenía para detenerlos. Yo había visto esto muchas veces en los seminarios de rebirthing; pero en tales ocasiones siempre había un monitor que controlaba y guiaba a la persona, para que pudiera completar su ciclo energético, utilizando el instrumento de su propia respiración. Los resultados obtenidos siempre eran intensos y positivos.

Pero aquí, en este momento, no había más monitor de rebirthing que yo. Otra cosa igualmente importante era que no existía tampoco autorización para llevar a cabo ninguna sesión pública de rebirthing. Esto era algo que me frustraba bastante, porque me daba cuenta de que tenía en mis manos un instrumento muy válido que, además, estaba siendo solicitado, pero que no había lugar para él. No tenía autorización para hacerlo de una manera completa y, por tanto, no era posible llevarlo a cabo.

Sabía también que el rebirthing era un vehículo que podía utilizarse para llevar a la gente a estados muy intensos, tras haber concluido el presente seminario. Es decir, sabía esto teóricamente aunque no lo había puesto en práctica. Tenía que ser verificado. Así pues, aquí había una persona candidata a una sesión de rebirthing, totalmente abierta y deseosa de hacerlo. Nuestra sesión particular confirmó plenamente lo que ya me suponía. Mi compañera sintió plenamente la presencia de los maestros y de sus ángeles. Después, tuvo una regresión que la llevó a cuando tenía tres meses de edad; posteriormente, a su etapa en el útero materno, y todavía fue más allá, entrando en el Gran Vacío. De él regresó nuevamente al útero, experimentó el nacimiento (*birth*) y tornó a ser un bebé de tres meses. A lo largo del proceso, ella había «renacido» (*rebirth*) a una conexión absoluta con todo el proceso de la vida. Juntos, ella y yo, experimentamos un estado de amor y de unidad para el que no existen palabras que puedan describirlo.

Esta experiencia no solamente completó el trabajo realizado durante el seminario, sino que me demostró todo cuanto había supuesto previamente. Sirvió también para mostrarme, sin el menor asomo de duda, que se había producido un contacto con el yo superior, y que todo ello había estado «orquestado» desde niveles dimensionales superiores. La analogía más acertada que puedo hacer, es la de que si uno se encuentra preparado, el rebirthing es como el ser iniciado en la Gran Pirámide.

Esta inesperada sesión particular de rebirthing me convenció plenamente de que iba a convertirme en un monitor del proceso de la «Flor de la vida», y que combinaría este trabajo con el del rebirthing. Pero también supe, desde el primer momento en que mantuve mi conversación telefónica con Drunvalo, que surgirían algunas dudas. Me sentía en el pleno proceso de sanación del que he hablado en este libro.

A medida que mis dudas se fueron diluyendo, me quedé con la presencia plena de mi auténtico propósito de ser un maestro superior que está co-creando el cielo en la Tierra. Digo esto simplemente para servirle de recordatorio, lector, de lo grande que usted es. El Espíritu de Dios se encuentra en cada uno de nosotros, y nos mira con los ojos de los demás. Ha llegado el momento de recordar esta verdad.

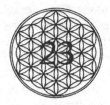

¿Qué significa todo esto?

Por tanto, ¿qué significa todo esto? Ante todo recuerde que nada de lo que se dice en este libro es cierto, pero que las cosas son exactamente así.

Déjeme que le diga qué *no* significa esto. No quiere decir que debamos contar con nuestra propia tecnología para modificar nuestra condición presente. La tecnología de última instancia es el merkaba externo. Tal es el mensaje de Cydonia.

Nuestra progresiva dependencia de la tecnología es lo que, en primer lugar, creo nuestro problema. De hecho, cuanto más avanzados nos hacemos tecnológicamente, más ignorantes nos volvemos. Nos estamos separando cada vez más del Espíritu único y nos estamos debilitando.

Nos hacemos más débiles a medida que centramos nuestro poder en la tecnología, es decir, en los objetos externos. Nos volvemos entonces dependientes de tales objetos hasta el punto en que ya no somos capaces de hacer nada por nosotros mismos. De igual forma nos habituamos a obedecer a la autoridad exterior.

En lugar de seguir las normas impuestas por la autoridad externa el principio que marca el nuevo estado de conciencia es obrar de acuerdo a nuestra propia autoridad. Ello significa seguir los dictámenes del Espíritu interior, sin la menor vacilación. A medida que aprendamos a hacer esto, descubriremos que en nuesto interior se halla todo cuanto podamos necesitar.

Es más, seremos guiados para que podamos estar en el lugar adecuado y en el momento oportuno, y poder encontrarnos con las personas que debamos encontrar. El mejor ejemplo que puedo ofrecerle es la forma en que se realizó el presente libro.

Debido a que seguí las directrices del Espíritu sin vacilación, todo ha funcionado perfectamente.

Mi objetivo inicial fue el de mostrar todo este material por sí mismo. Un día, se me acercó un nuevo cliente llamado Richard Grossinger. Richard llevaba la compañía editorial que publicó el libro de Richard Hoagland *The Monuments of Mars*.

Esa obra, naturalmente, se encontraba entre las que atraían mi mayor interés. Así pues, me incliné por decirle a Richard lo que yo sabía sobre Marte. Tras haberme escuchado, me preguntó si querría escribir este libro.

Algunos meses después, Richard me presentó a su hija Miranda, de diecinueve años. Hablamos de Marte, de los extraterrestres, de los gobiernos secretos y demás. Después Richard preguntó a Miranda qué pensaba ella de todo eso, a lo que ella respondió con el siguiente comentario: «Bueno, por supuesto que nada de lo que dijo es cierto, pero las cosas son exactamente así». Puesto que no sé manejar un ordenador (ni siquiera escribo a máquina) era obvio que tenía que buscar a alguien que colaborase en mi proyecto. Y de esta forma entró en él Lois Cheesman, que había demostrado muchas veces ser la perfecta colaboradora en una aventura de este tipo.

Después hice un nuevo amigo, Alfred Lee, que me ofreció la posibilidad de hacer en su ordenador los dibujos geométricos que ilustran el libro. Los realizó mejor y mucho más rápido de lo que yo hubiera podido hacerlos manualmente.

Así es cómo funcionaron las cosas. En cuanto seguimos el dictado del Espíritu, todo se realiza sin esfuerzo.

Las civilizaciones más avanzadas de la galaxia no tienen nada, fuera de sí mismas. Pero pueden hacer cuanto necesitan, y sin objetivos externos.

Incluso si fabricamos ingenios mecánicos, hemos de lograr el poder hacer nosotros solos lo que la máquina puede hacer.

Ésa es la dirección en la que debemos movernos. En la medida en que nos movemos de la tercera a la cuarta dimensión de conciencia –es decir, de la limitación o el ser víctima de la conciencia, hasta llegar a la maestría de la expresión divina–, vamos aprendiendo que tenemos dentro de nosotros todo cuanto necesitamos. El siguiente paso que hemos de dar en el proceso de concienciación, es el de interiorizarnos y descubrirlo por nosotros mismos.

La expresión definitiva de este origen interior es el merkaba. La inmensa mayoría de los seres vivos de la galaxia utilizan el merkaba interior, sin necesitar nada más. Viven en su propio vehículo vital espacio temporal y no necesitan nada más.

Pronto nos reuniremos con ellos.

Índice

1. Primer contacto 9
   Constatando la realidad 12
2. ¿Qué está sucediendo? 17
3. ¿Por qué ahora? 20
   Cambios de los polos 24
4. Los problemas del planeta Tierra 27
5. Dimensiones 30
   El merkaba 31
   Los Melquisedec 33
6. Nuestra historia 34
   Nuestros creadores 38
   Lemuria 42
   Atlántida 43
   La rebelión de Lucifer 44
   Toth 51
   Egipto y la escala de la evolución 60
   Akenatón 61
7. Drunvalo 64
8. Introducción a la geometría sagrada 70
9. El ojo derecho de Horus 76
   La ley del uno 78
   Los humanos 98
   La relación pi 101
   La espiral 104
   La secuencia Fibonacci 106
   El sistema de chakras 112
   Los puntos de los chakras externos 120
   El ojo 123
10. El ojo izquierdo de Horus 127
    La Gran Piramide 130
11. Las estancias de los recuerdos 133

12. Prana 136
   La respiración esférica de la conciencia crística 139
13. El Experimento Philadelphia 148
   Los monumentos de Marte 151
   Máquinas de energía libre 153
   Venus 154
   Mutilaciones de ganado 157
14. 1972 162
15. El gobierno secreto 172
16. Lo que normalmente sucede 177
17. Rebirthing 181
   Veinte respiraciones conectadas 186
18. Tu cuerpo es luz y tú eres inmortal 188
19. Rebirthing: el ojo izquierdo de Horus 192
20. Sanación 200
21. Contexto vital 206
   Clarificación mental 101 207
   Meditación del pensamiento básico 208
   Indicaciones útiles 209
   ¿Quién soy yo? 210
22. Perfección 213
23. ¿Qué significa todo esto? 223

Nostradamus maya 2012
Spencer Carter

Más allá de la profecía maya del fin del mundo.

Los sacerdotes mayas predijeron el fin del mundo entre el 21 y el 22 de diciembre del año 2012. "Los amos del tiempo mágico", como eran conocidos, no anunciaban una catástrofe que haría desaparecer la humanidad, no predecían el fin del mundo, sino el fin de este mundo, tal y como lo conocemos ahora. En esa fecha sucederá un fenómeno cósmico excepcional que se produce cada 26.000 años. El surgimiento de esta «nueva era» quizá dependa en parte de nosotros mismos y sea nuestro esfuerzo y nuestra voluntad de cambio los motores que impulsen futuras generaciones hacia un mundo mejor, su vida y cumplir sus mayores deseos.

Ilustrado a todo color.

Aliens
Clifford Pickover

Un libro apasionante sobre el gran misterio que esconde el Universo.
He aquí un conjunto de respuestas científicas al fenómeno de los aliens. Este libro presenta, en clave divulgativa, las conclusiones de avanzados estudios sobre la existencia de vida en otros planetas. Todos los interrogantes son desvelados por Clifford Pickover.

¿Qué aspecto tendrían los alienígenas? Una criatura inteligente similar a un pulpo es ciertamente plausible. ¿Qué tal un número impar de extremidades? Estas sorprendentes revelaciones, amparadas por buena parte de la comunidad científica, serán sin duda evidentes muy pronto. Quizás antes de lo esperado…

Más allá del crepúsculo
Manuela Dunn-Mascetti

Más allá de los grandes éxitos literarios y cinematográficos, conozca la historia de los vampiros y sus modernas reencarnaciones.
Stephenie Meyer, Anne Rice o Charlaine Harris han retomado una de las figuras literarias más apasionantes de todas las épocas: el vampiro.
Su origen procede de oscuras regiones del inconsciente humano, pero es su mítico pasado lo que emerge de nuevo en la actualidad para hacer florecer nuestros miedos y atormentarnos más intensamente, si cabe, haciendo que nuestro interés por estos hipnóticos personajes se mantenga vivo.
Ilustrado a todo color.

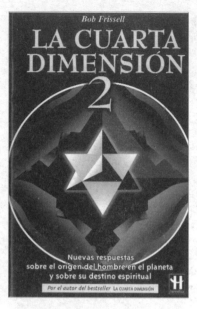

La cuarta dimensión 2
Bob Frissell

La esperada continuación del *best seller* *El destino de la humanidad*.
Nuevos enigmas resueltos.
Bob Frissell escribe sobre las implicaciones espirituales y filosóficas de las asombrosas cuentiones que abordó en su anterior libro *(El destino de la humanidad)*, y nos desvela nuevos enigmas que nos ayudan a recuperar nuestra esencia como seres espirituales.
- El mistero de la unidad del Ser y su significado ocul to en todas las religiones del mundo.
- Los secretos descubiertos en los primeros cinco libros de la Biblia y su relación con los archivos Akáshicos.
- El enigma de los niños llamados "índigos" y su labor de guiadores hacia una nueva conciencia.

Ángeles
Malcolm Godwin

La sorprendente historia de los ángeles, una especie en peligro de extinción.
¿Qué o quiénes son los ángeles? ¿Son seres etéreos de luz sin sustancia o criaturas dotadas de sólida forma humana y alas que les permiten volar de verdad? ¿Alguien los ha visto u oído alguna vez? ¿Se les puede considerar los supervivientes de civilizaciones perdidas, como la Atlántida o Mu, o sencillamente es la parte más íntima y mágina del ser humano?